# 물레방아

## 나도향

꿈 / 계집 하인 / 별을 안거든 우지나 말 걸 / 청춘

SR&B(새로본닷컴)

정선의 〈입암도〉

# 〈베스트 논술 한국대표문학(전60권)〉을 펴내며

어린 시절의 독서는 평생의 이성과 열정을 보장해 줄 에너지의 탱크를 채우는 일입니다. 인생의 지표를 세울 수 있는 가장 믿을 만한 방법이기도 합니다.

새로 접하는 사물의 이치를 터득하려면 그 정보를 대뇌 속에 담는 프로그램이 마련되어 있어야 합니다. 그 프로그램을 구축하는 가장 효과적인 방법이 지속적인 독서입니다. 독서는 책과 나의 쌍방향적인 대화이며 만남이며 스킨십입니다.

그러나 단순한 독서만으로는 생각하는 힘과 정확히 표현하는 힘을 키울 수 없습니다. 〈베스트 논술 한국대표문학〉은 이에 유의하여 다음과 같이 편찬하였습니다.

① 초 · 중 · 고 교과서에 실린 고전 및 현대 문학 작품부터 〈삼국유사〉, 〈난중일기〉, 〈목민심서〉 등 우리의 정신을 일깨워 주고 우리에게 지혜와 용기를 준 '위대한 한국 고전'에 이르기까지 한 권 한 권을 가려 뽑았습니다.

② 각 권의 내용과 특성을 분석하여, '작가와 작품 스터디', '논술 가이드' 등을 덧붙여 생각하는 힘, 표현하는 힘을 키울 수 있도록 각 분야의 권위 학자, 논술 전문가들이 심혈을 기울였습니다.

③ 특히 현대 문학 부문은 최근 학계에서, 이 때까지의 오류를 바로잡아 정확한 텍스트를 확정한 것을 반영하였고, 고전 부문은 쉽고 아름다운 현대 국어로 재현하였습니다.

④ 각 작품에 관련된 작가의 고향을 비롯한 작품의 배경, 작품의 참고 자료 등을 일일이 답사 촬영하거나 수집 · 정리하여 화보로 꾸몄고, 각 작품의 갈피 갈피마다 아름다운 그림을 넣어, 작품에 좀더 친근감 있게 접근할 수 있도록 하였습니다.

이 〈베스트 논술 한국대표문학〉이 여러분이 '큰 사람', '슬기로운 사람'이 되는 데 충실한 밑거름이 되기를 바랍니다.

〈베스트 논술 한국대표문학〉 편찬위원회

나도향

배재 고등 학교를 졸업한 나도향

안석형이 그린 나도향의 캐리커처

배재 고등 학교 내에 있는 나도향 기념비

배재 고등 학교 연혁비

배재 고보 재학 때의 나도향

나도향이 다녔던 배재 고등 학교 전경

배재 고등 학교 내
구 배재 학당(서관)

영화 〈벙어리 삼룡이〉의 한 장면

배재 고등 학교 내에 있는 부조

배재 고등 학교 내에 있는 부조

배재 고등 학교에 내에 있는 아펜젤러 상

# 차례

# 물레방아

# 물레방아

## 1

덜컹덜컹 홈통에 들었다가 다시 쏟아져 흐르는 물이 육중한 물레방아*를 번쩍 쳐들었다가 쿵 하고 확* 속으로 내던질 제 머슴들의 콧소리는 허연 겻가루가 켜켜이 앉은 방앗간 속에서 청승스럽게 들려 나온다.

쌀쌀쌀, 구슬이 되었다가 은가루가 되고 댓줄기같이 뻗치었다가 다시 쾅쾅 쏟아져 청룡이 되고 백룡이 되어 용솟음쳐 흐르는 물이 저 쪽 산모롱이를 십 리나 두고 돌고, 다시 이 쪽 들 복판을 오 리쯤 꿰뚫은 뒤에 이 방원이가 사는 동네 앞 기슭을 스쳐 지나가는데, 그 위에 물레방아 하나가 놓여 있다.

물레방아에서 들여다보면 동북간으로 큼직한 마을이 있으니 이 마을에 가장 부자요, 가장 세력이 있는 사람으로 이름을 신

* 물레방아  물레바퀴를 물의 힘으로 돌려 곡식을 찧는 방아.
* 확  방아확. 절구 아가리로부터 밑바닥까지의 구멍.

물레방아

치규라고 부른다. 이방원이라는 사람은 그 집의 막실살이*를 하여 가며 그의 땅을 경작하여 자기 아내와 두 사람이 그날 그날을 지내 간다.

어떤 가을 밤, 유난히 밝은 달이 고요한 이 촌을 한적하게 비칠 때, 그 물레방앗간 옆에 어떤 여자 하나와 어떤 남자 하나가 서서 이야기를 하는 소리가 들리었다.

그 여자는 방원의 아내로 지금 나이가 스물두 살, 한참 정열에 타는 가슴으로 가장 행복스러울 나이의 젊은 여자요, 그 남자는 오십이 반이 넘어 인생으로서 살아올 길을 다 살고서 거의거의 쇠멸의 구렁텅이를 향하여 가는 늙은이다. 그의 말소리는 마치 그 여자를 달래는 것같이,

"애, 내 말이 조금도 그를 것이 없지? 쇤네 할멈에게도 자세한 말을 들었을 터이지마는 너 생각해 보아라. 네가 허락만 하면 무엇이든지 네가 하고 싶다는 것을 내가 전부 해 줄 터이란 말야. 그까짓 방원이 녀석하고 네가 몇백 년 살아야 언제든지 막실 구석을 면하지 못할 터이니……. 허허, 사람이란 젊어서 호강해 보지 못하면 평생 한 번 하여보지 못하고 죽을 것이 아니냐. 내가 말하는 것이 조금도 잘못한 것이 없느니라! 대강 너의 말을 쇤네 할멈에게 듣기는 들었으나 그래도 너에게 한번 바로 대고 듣는 것만 못해서 이리로 만나자고 한 것이다. 너의 마음은 어떠냐? 어디, 허허, 내 앞이라고 조금도 어떻게 알지 말고 이야기해 봐, 응?"

이 늙은이는 두말 할 것 없이 신치규다. 그는 탐욕스러운 눈으로 방원의 계집을 들여다보며 한 손으로 등을 두드린다.

새침한 얼굴이 파르족족하고 길다란 눈썹과 검푸른 두 눈 가장자리에 예쁜 입, 뾰로퉁한 뺨이며 콧날이 오뚝한 데다가 후리후리한 키에 떡 벌어진 엉덩이가 아무리 보더라도 무섭게 이지적인 동시에 또는 창부형으

---

* 막실살이 머슴살이.

로 생긴 것이다. 계집은 아무 말이 없이 서서 짐짓 부끄러운 태를 지으며 매혹적인 웃음을 생긋 웃고는 고개를 돌렸다. 그 웃음이 얼마나 짐승 같은 신치규의 만족을 사게 되었으며, 또한 마음을 충동시켰는지 희끗희끗한 수염이 거의 계집의 뺨에 닿도록 더 가까이 와서,

"응? 왜 대답이 없니? 부끄러워서 그러니? 그렇게 부끄러워할 일은 아닌데."

하고 계집의 손을 잡으며,

"손도 이렇게 예쁜 줄은 이제까지 몰랐구나. 참 분결 같다. 이렇게 얌전히 생긴 애가 방원 같은 천한 놈의 계집이 되어 일평생을 그대로 썩는다는 것은 너무 가엾고 아깝지 않느냐? 얘."

계집은 몸을 돌리려고 하지도 않고 영감이 하는 대로 내버려 두며 눈으로 땅만 내려다보고 섰다가 가까스로 입을 떼는 듯하더니,

"제 말야 모두 쇤네 할멈이 여쭈었지요. 저에게는 너무 분수에 과한 말씀이니까요."

"온, 천만에 소리를 다 하는구나. 그게 무슨 소리냐. 너도 아다시피 내가 너를 장난삼아 그러는 것도 아니겠고, 후사*가 없어 그러는 것이니까 네가 내 아들이나 하나 낳아 주렴. 그러면 내 것이 모두 네 것이 되지 않겠니? 자아, 그러지 말고 오늘 허락을 하렴. 그러면 내일이라도 방원이란 놈을 내쫓고 너를 불러들일 터이니."

"어떻게 내쫓을 수가 있어요?"

"허어, 그것이 그리 어려울 것이 무엇 있니. 내가 나가라는데 제가 나가지 않고 배길 줄 아니?"

"그렇지만 너무 과하지 않을까요?"

"무엇, 저런 생각을 하니까 네가 이 모양으로 이 때까지 있었지. 어떻

---

*후사(後嗣) 대를 잇는 아들.

단 말이냐? 그런 것은 조금도 염려하지 말구. 자아, 또 네 서방에게 들

킬라, 어서 들어가자.”

“먼저 들어가세요.”

“왜?”

“남이 보면 수상히 알게요.”

“무얼 나하고 가는데 수상히 알게 무어야…… 어서 가자.”

계집은 천천히 두어 걸음 따라가다가,

“영감!”

하고 머츰하고 서 있다.

“왜 그러니?”

계집은 다시 말이 없이 서 있다가,

“아니에요.”

하고,

“먼저 들어가세요.”

하며 돌아선다. 영감이 간이 달아서 계집의 손을 잡으며,

“가자, 집으로 들어가자.”

그의 가슴은 두근거리는지 숨소리가 잦아진다. 계집은 손을 빼려 하

며,

“점잖으신 어른이 이게 무슨 짓이에요.”

하면서도 그의 몸짓에는 모든 것을 허락한다는 뜻이 보였다. 영감은 계

집의 몸을 끌어안더니 방앗간 뒤로 돌아섰다. 계집은 영감 가슴에 안겨

서 정욕이 가득찬 눈으로 그를 보면서,

“영감.”

말 한 마디 하고 침 한 번 삼키었다.

“영감이 거짓말은 안 하지요?”

“아니.”

　그의 말은 떨리었다. 계집은 영감의 팔을 한 손으로 잡고 또 한 손으로는 방앗간 속을 가리켰다.

"저리로 들어가세요."

　영감과 계집은 방앗간에서 이삼십 분 후에 다시 나왔다.

## 2

　사흘이 지난 뒤에 신치규는 방원이를 자기 집 사랑 마당 앞으로 불렀다.

"애."

　방원은 상전이라 고개를 숙이고,

"예."

　공손하게 대답을 하였다.

"네가 그간 내 집에서 정성스럽게 일한 것은 고마운 일이지마는……."

점잖과 주짜를 빼면서 신치규는 말을 꺼내었다. 방원의 가슴은 이 '마는'이라는 말 뒤에 이어질 말을 미리 깨달은 듯이 온전신의 피가 가슴으로 모여드는 듯하더니 다시 터럭이라는 터럭은 전부 거꾸로 일어서는 듯하였다.

"오늘부터는 우리 집에 사정이 있어 그러니 내 집에 있지 말고 다른 곳에 좋은 곳을 찾아가 보아라."

아무 조건이 없다. 또한 이 곳에서도 할 말이 없다. 죽으라고 하면 죽는 시늉이라도 해야 하는 것이다. 주인은 돈 가지고 사람을 사고 팔 수도 있는 것이다. 방원은 가슴이 답답하였다. 자기 혼잣몸 같으면 어디 가서 어떻게 빌어먹더라도 살 수 있지마는 사랑하는 아내를 구해 갈 길이 막연하다. 그는 고개를 굽히고, 허리를 굽히고, 나중에는 마음을 굽히어 사정도 하여 보고 애걸도 하여 보았다. 그러나 그것은 헛된 일이다. 주인의 마음은 쇠나 돌보다도 더 굳었다. 그는 하는 수 없이 자기 아내에게 그 이야기를 하였다. 그리고 아내더러 안주인 마님께 사정을 좀 하여 얼마 간이라도 더 있게 하여 달라고 하여 보라고 하였다. 그러나 아내는 방원의 말을 들을 리가 없었다. 도리어,

"그러면 어떻게 한단 말이오. 이제부터는 나를 어떻게 먹여살릴 터이오?"

"너는 그렇게도 먹고 살 수 없을까 봐 겁이 나니?"

"겁이 나지 않고. 생각을 해 보구려. 인제는 꼼짝할 수 없이 죽지 않았소?"

"죽어?"

"그럼 임자가 나를 데리고 이 곳까지 올 때에 무어라고 하였소. 어떻게 해서든지 너 하나야 먹여 살리지 못하겠느냐고 하였지요?"

"그래."

"그래, 얼마나 나를 잘 먹여 살리고 나를 호강시켰소. 이 때까지 이 태나 되도록 끌구 돌아다닌다는 것이 남의 집 행랑이었지요."

"애, 그것을 네가 모르고 하는 말이냐? 내가 하려고 하지 않아서 그렇게 된 것이냐? 차차 살아가는 동안에 무슨 일이든지 생기겠지. 설마 요대로 늙어 죽기야 하겠니?"

"듣기 싫소! 뿔 떨어지면 구워 먹지 어느 천년에."

방원이는 가뜩이나 내어 쫓기고 화가 나는데 계집까지 그리하니까 속에서 열화가 치밀어 올라왔다.

"이 육시를 하고도 남을 년! 왜 남의 마음을 글컹거리니?"

"왜 사람에게 욕을 해!"

"이년아, 욕좀 하면 어떠냐?"

"왜 욕을 해!"

계집이 얼굴이 노래지며 대든다.

"이년이 발악인가?"

"누가 발악야. 계집년 하나 건사 못하는 위인이 계집 보고 욕만 하고, 한 게 무어야? 그래 은가락지 은비녀나 한 벌 사 주어 보았어? 내가 임자 하자고 하는 대로 하지 않은 것은 없지!"

"이년아! 은가락지 은비녀가 그렇게 갖고 싶으냐? 이 더러운 년아."

"무엇이 더러워? 너는 얼마나 정한 놈이냐!"

계집의 입 속에서는 놈 소리가 나오기 시작한다.

"이년 보게! 누구더러 놈이래."

하고 손길이 계집의 낭자*를 후려 잡더니 그대로 집어 들고 두어 번 주먹으로 등줄기를 우리었다.

"이 주릿대*를 안길 년!"

발길이 엉덩이를 두어 번 지르니까 계집은 그대로 거꾸러졌다가 다시 일어났다. 풀어 헤뜨린 머리가 치렁치렁 끌리고 씰룩한 눈에는 독기가 섞이었다.

"왜 사람을 치니? 이놈! 죽여라 죽여, 어디 죽여 보아라, 이놈 나 죽고 너 죽자!"

하고 달려드는 계집을 후려서 거꾸러뜨리고서,

"이년이 죽으려고 기를 쓰나!"

방원이가 계집을 치는 것은 그것이 주먹을 가지고 하는 일종의 농담이다. 그는 주먹이나 발길이 계집의 몸에 닿을 때 거기에 얻어맞는 계집의 살이 아픈 것보다 더 찌르르하게 가슴 한복판을 찌르는 아픔을 방원은 깨닫는 것이다. 홧김에 계집을 치는 것이 실상은 자기의 마음을 자기의 이빨로 물어뜯는 것이나 다름이 없는 것이다. 때리는 그에게는 몹시 애

---

* 낭자  머리에 쪽을 지고 그 위에 덧대어 얹는 딴 머리. 덧대은 낭자에 긴 비녀를 꽂음.
* 주릿대  주리를 트는 데에 쓰는 기다란 두 막대기.

처로움이 있고 불쌍함이 있는 것이다. 그러나 자기의 화풀이를 받아 주는 사람은 아직까지도 계집밖에는 없었다. 제일 만만하다는 것보다도 가장 마음놓고 화풀이할 수 있음이다. 싸움한 뒤, 하루가 못 되어 두 사람이 베개를 나란히 하고 서로 꼭 끼고 잘 때에는 그렇게 고맙고 그렇게 감격이 일어나는 위안이 또다시 없음이다. 계집을 치고 화풀이를 하고 난 뒤에 다시 가슴을 에는 듯한 후회와 더 뜨거운 포옹으로 위로를 받을 그 때에는 두 사람 아니라 방원에게는 그만큼 힘있고 뜨거운 믿음이 또다시 없는 까닭이다. 계집은 일부러 소리를 높여 꺼이꺼이 운다.

온마을 사람이 거의 귀를 기울였으나,

"응, 또 사랑 싸움을 하는군!"

하고 도리어 그 싸움을 부러워하였다. 옆집 젊은 것이 와서 싱글싱글 웃으면서 들여다보며,

"인제 고만두라구."

하며, 말리는 시늉을 한다. 동네 아이들만 마당 앞에 죽 늘어서서 눈들이 뚱그래서 구경을 한다.


3


그 날 저녁에 방원이는 술이 얼근하여 돌아왔다. 아까 계집을 차던 마음은 어느덧 풀어지고 술로 흥분된 마음에 그는 계집의 품이 몹시 그리워져서 자기 아내에게 사과를 할 마음까지 생기었다. 본시 사람이 좋고 마음이 약하고 다정한 그는 무식하게 자라난 까닭에 무지한 짓을 하기는 하나 그것은 결코 그의 성격을 말하는 무지함이 아니다.

그는 비척거리면서 집으로 향하는 길에 거슴츠레하게 풀린 눈을 스르르 내리 감고 혼잣소리로,

"빌어먹을 놈! 나가라면 나가지 무서운가? 제 집 아니면 살 곳이 없는

줄 아는 게로군! 흥, 되지 않게 다 무엇이냐? 돈만 있으면 제일이냐? 이놈, 네가 그러다가는 이 주먹 맛을 언제든지 볼라. 그대로 곱게 뒈질 줄 아니?"

하고, 개천 하나를 건너뛴 후에,

"돈! 돈이 무엇이냐?"

한참 생각하다가,

"에후."

한숨을 쉬고 나서,

"돈이 사람을 죽이는구나! 돈! 돈! 흥, 사람 나고 돈 났지 돈 나고 사람 났니?"

또 징검다리를 비척비척 하고 건넌 뒤에,

"고 배라먹을 년이 왜 고렇게 포달을 부려서 장부의 마음을 긁어 놓아!"

그의 목소리에는 말할 수 없이 다정한 맛이 있었다. 그는 자기 계집을 생각하면 모든 불평이 스러지는 듯이, 숙였던 고개를 쳐들어 하늘을 보면서,

"허어, 저도 고생은 고생이지."

하고 다시 고개를 숙인 후,

"내가 너무해, 너무 그럴 게 아닌데."

그는 자기 집에 와서 문고리를 붙잡고 흔들면서,

"애! 자니! 자?"

그러나 대답이 없고 캄캄하다.

"이년이 어디를 갔어!"

그는 문짝을 깨어지라 하고 닫친 후에 다시 길거리로 나와 그 옆집으로 가서,

"여보 아주머니! 우리 집 색시 어디 갔는지 보았소!"

밥들을 먹는 옆에 집 내외는,

"어디서 또 취했소그려! 애 어머니가 아까 머리 단장을 하더니 저 방아께로 갑디다."

"방아께로?"

"네."

"빌어먹을 년! 방아께로는 무얼 먹으러 갔누!"

다시 혼자 방아를 향하여 가면서 혼자 중얼거린다. 그는 방앗간을 막 뒤로 돌아서자 신치규와 자기 아내가 방앗간에서 나오는 것을 보았다.

"아!"

그는 너무 뜻밖의 일이므로 아무 말도 하지 못하고 그대로 한참이나 멀거니 서서 보기만 하였다.

그의 눈에서는 쌍심지가 거꾸로 섰다. 열이 올라와서 마치 주홍을 칠한 듯이 그의 눈은 붉어지고 번개 같은 광채가 번뜩거리었다.

그는 한참이나 사지를 떨었다. 두 이가 서로 맞쳐서 달그락달그락 하여졌다. 그의 주먹은 부서질 것같이 단단히 쥐어졌다.

계집과 신치규는 방원이 와 선 것을 보고서 처음에는 조금 간담이 서늘하여졌으나 다시 태연하게 내려앉혔다. 일이 이렇게 되었으매 할 대로 하라는 뜻이다. 방원은 달려들어서 계집의 팔목을 잡았다. 그리고 이를 악물고 부르르 떨었다.

"나는 네가 이럴 줄은 몰랐다."

계집은,

"무얼 이럴 줄을 몰라?"

하며 파란 눈을 흘겨보더니,

"나중에는 별꼴을 다 보겠네. 으레 그럴 줄을 인제 알았나? 놔요! 왜 남의 팔을 잡고 요 모양야. 오늘부터는 나를 당신이 그리 함부로 하지는 못해요! 더러운 녀석 같으니! 계집이 싫다고 그러면 국으로 물러갈 일이지 이게 무슨 사내답지 못한 일야! 놔요!"

팔을 뿌리쳤으나 분노가 전신에 가득찬 그는 그렇게 쉽게 손을 놓지 않았다.

　"얘! 네가 이것이 정말이냐?"

　"정말 아니구 비싼 밥 먹고 거짓말 할까?"

　"네가 참으로 환장을 하였구나!"

　"아니 누구더러 환장을 했대? 온 기가 막혀 죽겠지! 놔요! 놔! 왜 추근 추근하게 이 모양야? 놔."

하고서 힘껏 뿌리치는 바람에 계집의 손이 쑥 빠지었다. 계집은 손목을 주무르면서 암상맞게* 돌아섰다. 이 때까지 이 꼴을 멀찍이 서서 보고 있던 신치규는 두어 발자국 나서더니 기침 한 번을 서투르게 하고서,

　"얘! 네가 술이 취하였으면 일찍 들어가 자든지 할 것이지 웬 짓이냐? 네 눈깔에는 아무것도 보이는 것이 없단 말이냐? 너희 년놈이 싸우는 것은 너희 년놈이 어디든지 가서 할 일이지 여기 누가 있는지 없는지 눈깔에 보이는 것이 없어……?"

　"엣, 괘씸한 놈!"

　눈깔을 부라리었다. 방원은 한참이나 쳐다보고서 말이 없었다. 생각 대로 하면 한 주먹에 때려누일 것이지마는 그래도 그의 머릿속에는 아까 까지의 상전이라는 관념이 남아 있었다. 번갯불같이 그 관념이 그의 입 과 팔을 얽어 놓았다. 어려서부터 오늘날까지 남을 섬겨 보기만 한 그의 마음은 상전이라면 모두 두려워하는 성질을 깊이깊이 뿌리 박아 놓았다. 그러나 오늘부터는 신치규가 자기의 상전이 아니요, 자기가 신 치규의 종도 아니다. 다만 똑같은 사람으로 마주 섰을 뿐이다. 아니다, 지금부터 는 신치규도 방원의 원수였다. 그의 간을 씹어 먹어도 오히려 나머지 한 이 있는 원수다. 신치규는 똑바로 쳐다보는 방원을 마주 쳐다보며,

---

* 암상맞다　남을 미워하며, 얄밉고 맹랑한 심술을 부리다.

"똑바루 보면 어쩔 터이냐? 온, 세상이 망하려니까 별 해괴한 일이 다 많거든. 어째 이놈아!"

"이놈아?"

방원은 한 걸음 들어섰다. 나무같이 힘센 다리가 성큼 하고 나설 때, 신치규는 머리 끝이 으쓱 하였다. 쇠몽둥이 같은 두 주먹이 쑥 앞으로 닥칠 때 그의 가슴은 덜컥 내려앉았다.

"네 입에서 이놈이라는 소리가 나오니? 이 사지를 찢어 발겨도 오히려 시원치 못할 놈아! 네가 내 계집을 뺏으려고 오늘 날더러 나가라고 그랬지?"

"어허 이거 이놈이 눈깔이 삐었군. 애, 나는 먼저 들어가겠다. 너는 네 서방하고 나중 들어오너라!"

신치규는 형세가 위험하니까 슬금슬금 꽁무니를 빼려고 돌아서서 들어가려 하니까 방원은 돌아서는 신치규의 멱살을 잔뜩 쥐어 한 팔로 바싹 치켜들고,

"이놈 어디를 가? 네가 이 때까지 맛을 몰랐구나?"

하며, 한 번 집어쳐 땅바닥에다가 태질을 한 뒤에 그대로 타고 앉아서 목줄띠를 누르니까, 마치 뱀이 개구리 잡아먹을 적 모양으로 깩깩 소리가 나며 말 한 마디도 못 한다.

"이놈 너 죽고 나 죽으면 고만 아니냐?"

하고 방원은 주먹으로 사정없이 닥치는 대로 들이댄다. 나중에는 주먹이 부족하여 옆에 있는 모루돌멩이를 집어서 죽어라 하고 내리친다. 그의 팔, 그의 몸에 끓어오르는 분노가 극도에 달하자 사람의 가슴 속에 본능적으로 숨어 있는 잔인성이 조금도 남지 않고 그대로 나타났다. 그의 눈은 마치 펄떡펄떡 뛰는 미끼를 가로차고 앉은 승냥이나 이리와 같이 뜨거운 피를 보고야 만족하다는 듯이 무섭게 번쩍거렸다. 그에게는 초자연의 무서운 힘이 그의 팔과 다리에 올라왔다.

이 꼴을 보는 계집은 무서웠다. 끔찍끔찍한 일이 목전에 생길 것이다. 그의 맥이 풀린 다리는 마음대로 놓여지지 아니하였다.

"아! 사람 살류! 사람 살류!"

적적한 밤중에 쓸쓸한 마을에는 처참한 여자 목소리가 으스스하게 울리었다. 이 소리를 들은 방원은 더욱 힘을 주어서 눈을 딱 감고 죽어라 내리 짓찧었다. 뼈가 돌에 맞는 소리가 살이 얼크러지는 소리와 함께 퍽퍽 하였다. 피 묻은 돌이 여기저기 흩어지고 갈갈이 찢긴 옷에는 살점이 묻었다. 동네편 쪽에서 수군수군 하더니 구두 소리가 나며 칼소리가 덜거덕거리었다. 방원의 머리에는 번갯불같이 무엇이 보이었다. 그는 주먹을 쥔 채 잠깐 정신을 차려 그 쪽으로 귀를 기울였다.

"순검……."

그는 신치규의 배를 타고 앉아서 순검의 구두 소리를 듣자 비로소 자기가 무슨 짓을 하였는지 깨달았다. 그는 미친 사람처럼 일어났다. 그리고는 옆에 서서 벌벌 떠는 계집에게로 갔다.

"애, 가자! 도망가자! 너하고 나하고 같이 가자! 자! 어서, 어서!"

계집은 자기에게 또 무슨 일이 있을까 하여 겁을 내어 도망을 하려 한다. 방원은 계집을 따라가며,

"애! 애! 네가 이렇게도 나를 몰라 주니? 내가 너를 어떻게 생각하는지 알지를 못하니? 자! 어서, 도망가자, 어서 어서, 뒤에서 순검이 쫓아온다."

계집은 그대로 서서 종종걸음을 치며,

"싫소! 임자나 가구려, 나는 싫어요, 싫어."

"가자! 응! 가!"

그는 미친 사람처럼 계집의 팔을 붙잡고 끌었다. 그 때 누구인지 그의 두 팔을 마치 형틀에 매다는 것같이 꽉 뒤로 끼어 안는 사람이 있었다.

"이놈아! 어디를 가?"

그는 뒤를 돌아보지 않고도 그가 누구인지 알았다. 그는 온전신에 맥이 풀리어 그대로 뒤로 자빠지려 할 때 어느덧 널판 같은 주먹이 그의 뺨을 사정없이 갈겼다.

"정신 차려."

"네."

그는 무의식하게 고개가 숙여지고 말소리가 공손하여졌다.

땅바닥에서는 신치규가 꿈지럭거리며 이리저리 뒹군다. 청승스러운 비명이 들린다. 방원은 포승 지인 채, 계집은 그대로 주재소로 끌려가고, 신치규는 머슴들이 업어 들였다.

4

석 달이 지났다. 상해죄로 감옥에서 복역을 하던 방원은 만기가 되어 출옥을 하였다. 그러나 신치규는 아무 일 없이 자기 집에서 치료하고 방원의 계집을 데려다 산다. 신치규는 온몸이 나은 뒤에 홀로 생각하였다.

'죽는 줄만 알았더니 그래도 이렇게 살아 있으니!'

하고 얼굴에 흠이 진 곳을 만져보며,

'오히려 그놈이 그렇게 한 것이 나에게는 다행이지, 얼굴이 아프기는 좀 하였으나! 허어.'

'어떻게 그놈을 떼어 버릴까 하고 그렇지 않아도 걱정을 하던 차에 잘 되었지. 그놈 한 십 년 감옥에서 콩밥을 먹었으면 좋겠다.'

방원은 감옥에서 생각하기를 나가기만 하면 년놈을 죽여 버리고 제가 죽든지 요정을 내리라 하였다. 집에서 내어 쫓기고 계집까지 빼앗기고, 그것을 생각하면 이가 갈리고 치가 떨리었다. 그것이 모두 자기가 돈 없는 탓인 것을 생각하매 더욱 분한 생각이 났다.

"에 더러운 년."

그는 홍바지에 쇠사슬을 차고서 일을 할 때에도 가끔 침을 땅에다 뱉으면서 혼자 중얼거리었다.

"사람이 이러고서야 살아서 무엇하나. 멀쩡한 놈이 계집 빼앗기고 생으로 콩밥까지 먹으니……"

그가 감옥에서 나올 때에는 감옥소를 다시 한 번 돌아보고, 내가 여기서 마지막으로 목숨을 잃어버리든지 그렇지 않으면 내가 내 손으로 내 목을 찔러 죽든지, 무슨 요정이 날 것을 생각하고, 다시 온몸에 힘을 주고 쓸쓸한 웃음을 웃었다.

그는 이백 리나 되는 길을 걸어서 계집이 사는 촌에를 왔다.

그러나 아무도 그를 아는 체하는 사람이 없었다. 전에 친하게 지내던 사람들도 그를 보고 피해 갔다. 마치 문둥병자나 마찬가지 대우를 하였다. 감옥에서 나온 뒤로부터는 더욱 세상이 차디차졌다. 자기가 상상하던 것보다도 더 무정하여졌다. 그는 하는 수 없이 밤이 될 때까지 그 근처 산 속으로 돌아다녔다. 그래서 깊은 밤에 촌으로 내려왔다.

그는 그 방앗간을 다시 지나갔다. 석 달 전 생각이 났다. 자기가 여기서 잡혀 갔다는 것을 생각할 때 더욱 억울하고 분한 생각이 치밀어 올라왔다. 그는 한참이나 거기 서서 그 때 일을 생각하고 몸서리를 친 후에 다시 그 전 집을 찾아갔다. 날이 몹시 추워지고 눈이 쌓였다. 입은 옷은 가을에 입고 감옥에 들어갔던 그것이므로 살을 에이는 듯한 것이로되 그는 분한 생각과 흥분된 마음에 그것도 몰랐다.

'년놈을 모두 처치를 해 버려?'

혼자 속으로 궁리를 하다가,

'그렇지, 그까짓 것들은 살려 두어 쓸데없는 인생들이야.'

하면서 옆구리에 지른 기름한 단도를 다시 만져 보았다. 그는 감격스런 마음으로 그것을 쓰다듬었다. 그는 신치규의 집 울을 넘어 들어갔다.

그의 발은 전에 다닐 적같이 익숙하였다. 그는 사랑을 엿보고 다시 뒤

로 돌아서 건넌방 창 밑에 와 섰었다. 귀를 기울였으나 아무 말도 들리지 않았다. 그는 손에 칼을 빼들었다. 그리고는 일부러 뒤 창문을 달각달각 흔들었다.

"그 뉘?"

하고 계집의 머리가 쑥 나오며 문이 열리었다. 그는 얼른 비켜섰다. 문은 다시 닫혀지고 계집은 들어갔다.

방원의 마음은 이상하게 동요가 되었다. 예쁜 계집의 목소리가 오래간만에 귀에 들릴 때, 마치 자기가 감옥에서 꿈을 꿀 적 모양으로 요염하고도 황홀하게 그의 마음을 꾀는 것 같았다. 그는 꿈 속에서 다시 만난 것 같고 오래간만에 그를 만나 보매 모든 결심은 얼음같이 녹는 듯하였다. 그래도 계집이 설마 나를 영영 잊어버리랴 하고 옛날의 정리를 생각할 때 그것이 거짓말이 아니고 무엇이냐는 생각이 났다.

아무리 자기를 감옥에까지 가게 하였다 하더라도 그는 감히 칼을 들어 죽이려는 용기가 단번에 나지 않아서 주저하기 시작했다.

'아니다, 다시 한 번만 물어 보자!'

그는 들었던 칼을 다시 집고 생각하였다.

'거짓말이다. 거짓말이다! 그럴 리가 없다.'

그는 반신반의하였다.

'그렇다. 한 번만 다시 물어 보고 죽이든 살리든 하자!'

그는 다시 문을 달각달각 하였다. 계집은 이번에 다시 문을 열고 사면을 둘러보더니 헌 짚신짝을 신고 나왔다.

"뉘요?"

그는 방원이 서 있는 집 모퉁이를 돌아서려 할 제,

"내다!"

하고, 입을 틀어막고 칼을 가슴에 대었다.

"떠들면 죽어!"

방원은 계집의 입을 수건으로 틀어막고 결박을 한 후 들쳐 업고서 번개같이 달음질하였다. 그는 어느 결에 계집을 업어다가 물레방아 앞에 내려놓은 후 결박을 풀었다. 그리고 한숨을 쉬었다.

"나를 모르겠니?"

캄캄한 그믐밤에 얼굴을 바짝 계집의 코앞에 들이대었다. 계집은 얼굴을 자세히 보더니,

"아!"

소리를 지르더니 뒤로 물러섰다.

"조금도 놀랄 것이 없다. 오늘 네가 내 말을 들으면 살려줄 것이요, 그렇지 않으면 이것이야."

하고, 시퍼런 칼을 들이대었다. 계집은 다시 태연하게,

"말요? 임자의 말을 들으렬 것 같으면 벌써 들었지요, 이 때까지 있겠소? 임자도 남의 마음을 알 거요. 임자와 나와 이 년 전에 이 곳으로 도망해 올 적에도 전 남편이 나를 죽이겠다고 허리를 찔러 그 흠이 있는 것을 날마다 밤에 당신이 어루만지었지요? 내가 그까짓 칼쯤을 무서워서 나 하고 싶은 것을 못 한단 말이오? 힝, 이게 무슨 비겁한 짓이요, 사내자식이. 자! 찌르려거든 찔러 보아요. 자, 자."

계집은 두 가슴을 벌리고 대들었다. 방원은 너무 계집의 태도가 대담하므로 들었던 칼이 도리어 뒤로 움찔할 만큼 기가 막혔다. 그는 무의식 중에,

"정말이냐?"

하고 한 걸음 더 가까이 나섰다.

"정말이 아니고? 내가 비록 여자이지마는 당신같이 겁쟁이는 아니라오! 이것이 도무지 무엇이오?"

계집은 그래도 두려웠던지 방원의 손에 든 칼을 뿌리쳐 땅에 떨어뜨리었다. 이 칼이 땅에 떨어지자 방원은 이 때까지 용사와 같이 보이던 계집

이 몹시 비겁스럽고 더러워 보이어 다시 칼을 집어 들고 덤비었다.

"에잇! 간사한 년! 어쩔 터이냐? 나하고 당장에 멀리 가지 않을 터이냐? 자아 가자!"

그는 눈물이 어린 눈으로 타일러 보기도 하고 간청도 하여 보았다.

"자아, 어서 옛날과 같이 나하고 멀리멀리 도망을 가자! 나는 참으로 나의 칼로 너를 죽일 수는 없다!"

계집의 눈에는 독이 올라왔다. 광채가 어두운 밤에 번개같이 번쩍거리며,

"싫어요. 나는 죽으면 죽었지 가기는 싫어요. 이제 나는 고만 그렇게 구차하고 천한 생활을 다시 하기는 싫어요. 고만 물렸어요."

"너의 입으로 정말 그런 말이 나오느냐? 너는 나를 우리 고향에 다시 돌아가지도 못하게 만들어 놓고 나의 모든 것을 다 잃어버리게 한 후에, 또 나중에는 세상에서 지옥이라고 하는 감옥소에까지 가게 하였지! 그러고도 나의 맨 마지막 원을 들어 주지 않을 터이냐?"

"나는 언제든지 당신 손에 죽을 것까지도 알고 있소! 자! 오늘 죽으나 내일 죽으나 언제든지 죽기는 일반, 이렇게 된 이상 나를 죽이시오."

"정말이냐? 정말이야?"

"정말요!"

계집은 결심한 뜻을 나타내었다. 방원의 손은 떨리었다. 그리고 그는 눈을 꼭 감고,

"에, 여우 같은 년!"

하고 칼끝을 계집의 옆구리를 향하여 힘껏 내밀었다. 계집은 이를 악물고,

"사람 죽인다!"

소리 한 번에 그 자리에 거꾸러졌다. 칼 자루를 든 손이 피가 몰리는 바람에 우루루 떨리더니 피가 새어 나왔다. 방원은 그 칼을 빼어 들더니 계집 위에 거꾸러져서 가슴을 찌르고 절명하여 버리었다.

# 꿈

1

자기 스스로도 믿지 못하는 일을 때때로 당하는 일이 있다. 더구나 오늘과 같이 중독이 되리만치 과학이 발달되어 그것이 인류의 모든 관념을 이룬 이 때에 이러한 이야기를 한다 하면 혹 우스움을 받을는지는 알 수 없으나, 총명한 체하면서도 어리석음이 있는 사람이 아직 의심을 품고 있는 이러한 사실을 우리와 같은 사람이 쓴다 하면 헤브라이즘*과 헬레니즘*, 서로 반대되는 끝과 끝이 어떠한 때는 조화가 되고 어떠한 경우에는 모순이 되는 이 현실 세상에서 아직 우리가 의심을 품고 있는 문제를 여러 독자에게 제공하여 그것을 해석하고 설명해 내는 데 도움이 되거나 그렇지 않으면 아주 사실을 부인하여 버리게 되고, 또는 그렇지 않음을 결정해 낼 수 있다 하면 쓰는 사람이나 읽은 이의 해혹*이 될까 하는 것이다.

* 헤브라이즘(Hebraism) 고대 헤브라이 인의 사상·문화와 그 전통. 특히 유대 교와 크리스트 교의 전통을 통틀어 말함.
* 헬레니즘(Hellenism) 헤브라이즘과 함께 유럽 사상의 두 축을 이루는, 그리스적인 사상·문화에서 유래한 정신.
* 해혹(解惑) 의심을 없앰.

이러한 사실을 믿거나 믿지 않거나 그것은 해석하는 이의 마음대로 할 것이요, 쓰는 이의 관계할 바가 아니니, 쓰는 이는 문제를 제공하는 것이 그것을 해석하는 것보다 더 큰 천직인 까닭이다.

더구나 이야기는 실지로 당한 이가 있었고 또는 쓰는 나도 믿을 수가 없고 아니 믿을 수도 없는 까닭이다.

2

내가 열아홉 살이 되던 해다. 세상에는 숫자를 무서워하는 습관이 있어 우리 조선서는 석 삼(三)자와 아홉 구(九)자를 몹시 무서워한다. 석 삼 자는 귀신이 붙은 자라 해서 몹시 꺼려하며 아홉 구자, 즉 셋을 세 번 곱한 자는 그 석 삼자보다 더 무서워한다. 더구나 연령에 들어서 그러하니 아홉 살, 열아홉 살, 스물아홉 살, 서른아홉 살……. 이렇게 아홉이라는 단수가 붙은 해를 몹시 경계한다. 그래서 다만, 홀어머니의 외아들인 나는 열아홉 살이 되는 날부터 마치 죽을 날이나 당한 듯이 무서움과 조심스러움으로 그날 그날을 지내지 않으면 안 되었다.

이 곳에서 저 곳을 떠날 일이 있어도 방위를 보고, 벽에 못 하나를 박아도 손을 보며, 생일 음식을 먹으려 하여도 부정을 염려하며, 더구나 혼인 참례나 초상집에는 가까이 하지도 못하였으며, 일동 일정을 재래의 미신을 따라서 하지 않은 것이 없었다. 하다못해 감기가 들어서 누웠더라도 무당과 판수가 푸닥거리와 경을 읽었다.

나는 어릴 때이라 그렇게 구속적이요 부자유한 법칙을 지키기도 싫었을 뿐 아니라, 그 때 동리에 있는 보통 학교에를 다닐 때이므로 어머니의 말씀과 또는 하시는 일을 어리석다 해서 여간한 반대를 하지않은 것이 아니었다. 그러나 그것이 어리석은 일인 줄을 알고 자기도 그것이 옳지 않은 일인 줄은 알면서도 그것을 단단히 믿지 않을 수는 없었다. 제사 음식이 눈에 보이면 거기 귀신이 붙은 것 같기도 하여 어째 구미가 당겨지지를 아니하고, 길에서 상여를 만나면 하루 종일 자기 생명이 위태한 것 같아서 아니 본 것만 못하였다. 장님을 보면 돌아가고 예방해 내버린 것을 볼 때는 자연히 침을 뱉었다.

쉽게 말하면 이 무서운 인습적 미신을 완전히 깨뜨려 버릴 수가 없다는 말이다.

3

나는 지금 그 때를 돌아보면 여러 가지 행복을 아니 느낄 수가 없다. 아버지가 끼쳐 주고 돌아가신 넉넉한 재산과 따뜻한 어머니의 자애로 무엇하나 불만족한 것이 없이 소년 시대를 지내 오며, 따라서 백여 호밖에 되지 않는 촌락에서 가장 재산이 있고 문벌 있는 얌전한 도령님으로 지내던 생각을 하면 고전적 즐거움을 아니 느낄 수가 없다.

더구나 지금도 거울을 앞에 놓고 내 얼굴을 들여다보면 그 때에 보르통하고 혈색 좋던 얼굴의 흔적은 숨어 버렸으나, 잘 정제된 모습이라든지 정기가 넘치는 눈이라든지 살적이 뚜렷한 이마라든지, 웃음이 숨은 듯 나타나는 입 가장자리에 날씬날씬한 팔다리와 가는 허리를 아울러 생각하면 어디를 내놓든지 귀공자의 태도가 있었다.

그래서 동리에서는 나를 사위를 삼으려는 사람이 퍽 많았다. 하루에도 중매를 들려고 오는 사람이 두셋씩 있을 때가 많아서 그 사람들은 서로 눈치들만 보고 서로 말하기를 꺼려 그대로 돌아간 일이 한두 번이 아니었다.

그래서 어머니는 어느 것을 택해야 좋을는지 몰라서 적잖이 헤매신 모양이요 또는 그 까닭으로 열네 살부터 말이 있던 혼인이 열아홉 살이 되도록 늦어진 것이다.

# 4

동리 처녀들 중에 내 말을 듣거나 또는 담 틈으로나 울 너머로 나를 본 처녀는 모두 나를 사모하게 되었던 모양이다.

우리 집에서 세 집 건너편에 있는 열여덟 살 먹은 처녀 하나는 내가 학교를 갈 적이나 집으로 돌아올 적에는 반드시 문 틈으로 내가 지나가기를 기다리는 것을 나는 본 일이 있었다. 어떠한 날은 대담하게도 내가 지나가기를 기다려 자기의 노랑 수건을 내 앞에 던진 일까지 있었다. 또 어떤 처녀 하나는 자기 부모에게 자기가 나를 사모한단 말을 하여 직접 통혼까지 한 일이 있었으나, 그 집안 문벌이 얕다는 이유로 어머니에게 거절을 당한 후에 그 여자는 병이 들더니, 그 후에 다른 데로 시집을 갔다고 할 적에는 나는 공연히 섭섭한 일도 있었다.

그 중에 가장 내가 귀찮게 생각한 것은 우리 동네에서 조금 떨어진 곳에 주막이 하나 있었는데, 그 주막에 술 파는 여자가 나에게 반하였던 것이다. 그것도 내가 학교에 가는 길가에 있는 곳인데, 하루는 학교에서 운동을 하고 집에 돌아오는 길에 어떻게 목이 말랐던지 일상 어머니가 '물 한 그릇이라도 남의 집에서 먹지 말라.'는 경계를 어기고 그 주막에 들러서 그 술 파는 여자에게 물 한 그릇을 얻어먹은 일이 있었다. 그 여자란 것은 나이가 스물두서넛 되어 보이는 남편이 있는 여자인데, 눈이 크고 검으며 살이 검누르고 퉁퉁한 여자로 사람을 보면 싱글싱글 웃는 버릇이 있어 얼핏 보면 사람이 좋아 보이지만 어디인지 음침한 빛이 있다.

그 이튿날 나는 무심히 그 주막 앞을 지나려니까 그 여자는 나를 보고 싱글 웃었다. 그 날 저녁에도 싱글 웃었다. 그 웃음이 어떻게 야비한지 나는 그 웃음을 잊으려 하였으나 잊으려 하면 더 생각이 나서 못 견디었다.

그렇지만 그 앞을 아니 지날 수가 없어서 그 웃음을 보지 않으려고 고개를 돌리고 지나간 지 이틀 만에 그 여자는 내가 학교에서 돌아오기를 기다렸던지 문간에 나섰다가 나를 불렀다.

　나는 질겁을 하여 머리끝이 으쓱하였다.

　"여보시소, 서방님네."

　"왜 그러는고?"

　나는 돌아보며 물었다.

　"사내가 와 그렇게 무정게계요?"

　나는 사면을 둘러보았다. 그 말하는 그 사람은 그만두고 그 말을 듣는
내가 몹시 더럽고 부끄러운 것 같은 까닭이었다. 나는 아무 말도 못하고
그대로 돌아서 가려 하니까, 그 여자는 나의 손목을 잡아 끌고 자기 집으
로 끌고 들어가려 하였다. 그는,

　"술이나 한 잔 자시고 가시소."

하며 잡아다녔다. 술? 나는 말만 들어도 해괴하였다. 학교 규칙, 어머니,
학생, 계집, 주정, 음란, 이 모든 것이 번득번득 연상이 되어서 온몸이 떨
렸다.

　"이 손 못 놓겠는게요?"

　나는 손을 뿌리쳤다. 그리고,

　"나는 학생이래서 술 못 먹는지러."

하고 뒤로 물러서며,

　"나중에는 얄궂은 일을 다 당하는게로."

하며 앞만 보고 달려왔다. 집에 와서는 얼른 손을 씻어 그 여자의 손때를
떨어 버리고 옷까지 바꾸어 입었다. 그 음탕한 눈이며 살 냄새가 눈에 보
이고 코에 맡히는 것 같아서 못 견디었다.

5

　그 후부터는 그 길로 학교를 갈 수가 없어서 길을 돌아가는 수밖에 없

었다. 그전 길로 가면 오 리밖에 되지 않는 길을 십 리나 되는 산길을 돌아다녔다. 그런데 다행히 그 길 중턱에는 우리 집 논이 있고 그 논 옆에는 우리 마름이 살므로 적이 안심이 되었다.

첫날 그 집 앞을 지날 때 나는 주인된 자격으로라고 하는 것보다도 반가운 마음으로 그 집에 들어가지 않을 수가 없었다. 처음에 그 집 싸리짝 문을 들어서니 집 안이 너무 적적하였다. 이십 년 동안이나 우리 집 땅을 부쳐먹는 사람 좋은 늙은 마름도 볼 수가 없고 후덕스러워 보이는 그의 마누라도 볼 수가 없었다. 하다못해 늙은 개까지도 볼 수가 없었다.

나는 의아하여 고개를 기웃기웃하려니까 그 집 봉당 방문이 열리며 기웃이 고개를 내미는 사람은 그 집 딸인 임실이었다. 임실이는 어렸을 때 앞치마 하나만 두르고 발바닥으로 어머니를 따라서 우리 집에 드나든 일이 있으므로 나는 그 얼굴을 잘 알뿐더러 어려서는 같이 장난까지 한 일이 있었다. 그러나 근 삼 년이나 보지를 못하였다.

어렸을 적에 볼 때에는 머리가 쥐꼬리 같고 때가 덕지덕지하여 코를 흘리던 것이 지금 보니까 제법 머리를 치렁치렁 발꿈치까지 따 늘이고 얼굴에 분칠을 하였는데 때가 쑥 빠졌다. 그는 반갑다는 뜻인지 생긋 웃고 나를 보며 어서 오라는 듯이 나를 쳐다보았다. 그리고는 아무도 없는데 온 것이 미안한 듯이 황망해하며 어떻게 이 갑작스럽게 방문한 주인댁 도령님을 맞아야 좋을지 모르는 모양이다.

"죄다 어데 간는?"

나는 상전의 아들이 하인의 딸에게 향하는 태도로 물었다. 그는,

"들에 나갔는게로."

하며 다시 한 번 나를 곁눈으로 살펴보았다.

길게 있을 시간도 없거니와 이따가 하학할 때에는 또다시 들를 터이니까 오래 있을 필요가 없어서 그대로 학교를 다녀 돌아올 적에 다시 들렀다. 그 때에는 마름 내외가 나를 기다리고 있다가 점심 먹으라고 밀국수

를 해 주었다. 아마 그 계집애가 저희 부모에게 말을 했던 모양이다.

그 후에는 올 적 갈 적 들렀다. 그 계집애도 상전과 부리는 사람의 관계로 숙친하여졌다. 어떤 때 나의 옷고름이 떨어지면 그것을 달아 주고, 혹 별다른 음식을 갖다가 내 앞에 놀 때에는 이상한 미소를 띠고 나를 곁눈으로 쳐다보았다. 그 웃음이란 나의 눈에 보이기에도 몹시 유혹적이었으나 나는 실없는 계집년이란 생각밖에 나지 않았다.

6

그 후에 하루는 내가 학질 기운이 갑자기 생겨서 하학 시간도 채 마치지 못하고 어떻게든지 집으로 가려고 무한한 노력으로 줄달음질쳐 오다가 그 집 앞을 당도해 보니까, 여태까지 참았던 마음이 홱 풀어지며 그대로 그 집 마루에 가 털썩 주저앉아 버린 일이 있었다. 그것을 본 마름들은 나를 방으로 데려다 누이고 일변 집으로 통지를 하며 또는 물을 끓인다, 미음을 쑨다 하여 야단을 하는데, 그 중에 가장 난처하게 여기는 것은 나를 깔고 덮어 줄 이불 요가 없어서 걱정인 것이다.

자기네들이 깔고 덮는 누더기를 주인 상전의 귀여운 아들, 더구나 유달리 위하는 아들의 몸에는 덮어 주기를 꺼리는 모양이다.

염려하는 것을 본 그 처녀는 얼핏 자기방 —— 아랫방 —— 으로 가서 새로이 꾸며 둔 이불 요(이부자리) 한 채를 가지고 왔다. 그것은 자기가 시집갈 때 가지고 가서 신랑과 덮고 잘 이불을 준비해 둔 것이다.

그는 그것을 깔고 덮어 준 후 발 아래를 잘 여미고 두덕두덕 매만져 주었다. 촌 여자의 손이지만 어디인지 연하고 부드러운 맛이 있어서 몹시 육감적 자극을 전하는 듯하였다. 그리고는 그 처녀는 내 앞을 잘 떠나지 않고, 자기의 가장 아끼는 이불 요를 꺼내 덮어 준 것이 퍽 만족하다는 듯이 항상 이불과 요를 매만졌다.

어떠한 때에는 나의 이마도 눌러 주고, 시키지도 아니하였는데 나의 베개를 바로 베 주기도 하고 흐트러진 옷고름을 매 주기까지 하였다.

그 때 그 당시로 말하면 내가 그 임실이쯤은 다른 의미로 생각할 여지가 없었고, 더구나 임실이를 이성으로 생각한다는 것으로는 마음이 끌리지 아니하였으니 그와 나의 지위와 간격이 너무 멀었음이 첫째 원인이며, 하고 많은 여자를 다 제쳐놓고 임실이에게 마음이 끌린다는 것은 그 때 나의 관념으로도 우스운 일일 뿐 아니라 그런 일이 있다 하면 그것은 자기의 명예라든지 여러 가지 사정을 생각하여 으레 있지 못할 일이었으므로 더구나 임실이가 나에게 마음을 둔다 하면 그것은 마치 파수 병정이 나라의 공주에게 반하는 것이나 마찬가지인 까닭이었다. 그러나 파수 병정이 공주를 사모한 일이 만일 있었다 하면 그것이 대개는 불행으로서 끝을 마치는 것과 같이 임실이가 나를 사모한 것도 그러하였으니, 그 때는 그것을 깨닫지 못하였으나 그 후에 그것을 깨달았을 때 나는 가슴이 몹시 아픔을 깨닫지 아니치 못하였다.

7

병이 나아서 다시 학교를 다닌 지 한 달 남짓한 때 나는 그 집을 들렀다가 그 집에서 마누라쟁이가 소리를 질러 떠드는 소리를 들었다.

"이 경칠 가시내야, 죽어도 대답을 못하겠는가?"

하며 임실이를 두들겨 주는 꼴을 보았다. 계집애는 죽어도 못하겠소 하는 듯이 입을 다물고 돌아앉아서 눈물만 흘리고 느껴 가면서 울 뿐이다.

"말해라, 그래도 못 하겠는게로?"

하고 그의 손에 든 망치가 임실의 등줄대를 내려 갈겼다.

임실이는 그대로 엎어져서 등만 비비며 말이 없다.

어미는 죽어라 하고 두어 번 짓이기더니 나를 보고 물러섰다.

그 까닭은 이러한 것이었다. 임실이를 어떠한 촌에 사는 늙수그레한 농부가 후실로 달라고 하는데, 그 농부인즉 돈도 있고 땅도 많고 소도 많아 살기가 넉넉하나 상처를 하여 다시 장가를 들 터인데, 만일 딸을 주면 닷 말지기 땅에 소 두 마리를 주겠다는 말이 있음이다. 그러나 임실이는 죽어도 가기 싫다 하니까 그렇게 수가 나는 것을 박차 버리는 것이 분하고 절통한 일이 되어서 지금 경찰이 고문이나 하는 듯이 딸에게 대답을 받으려 함이었다.

나도 그 말을 듣고는 임실이를 철없는 계집애라 하였다. 그렇게 하면은 부모에게도 좋은 일이요 자기 신상에도 괜찮을 것이라 하였다. 나도 어미 편을 들었다. 그랬더니 어미는 더욱 펄펄 뛰면서, 자, 도련님 말씀을 들어 보라고 야단이다. 그러나 지금 생각하니 그 무심히 한 말이 그 계집애에게 치명상을 줄줄 누가 알았으랴. 지금도 생각만 하면 모골이 송연하다.

8

그 후에는 임실이가 몸이 아파서 누웠단 말을 들었다. 나는 여러 가지로 생각을 하여, 즉 말하자면 주인된 도리로나 날마다 지나다니며 폐를 끼치는 것으로나, 또는 내가 앓을 적에 제가 해 주던 공으로나, 약 한 첩 아니 지어다 줄 수 없어서 그 병을 물어 보았으나, 다만 몸살이라고 할 뿐이므로 무슨 병인지 몰라서 그것도 하지 못하였다.

그 후 한 보름은 무심히 지나갔다. 임실이 병이 어찌 되었느냐고 물어보지도 않았다. 그렇게 무심히 지내던 어떠한 날 저녁에 나는 어머니와 단둘이 방에서 잠을 자고 있었다. 날이 몹시 침울하고 흐려서 안개가 자욱이 낀 밤이었다. 척척한 기운이 삼투를 하여 방 안으로 스며들었다.

나는 잠이 들었다가 깨었다. 깨기는 깨었으나 분명히 깨지도 못하였다. 눈에는 방 안에 있는 것이 분명히 보이나 정신은 밤 속에 잠겨 있었다. 시계 소리가 들리었으나 그것이 생시에 듣는 것 같기도 하고 꿈 속에 듣는 것 같기도 하였다. 누구든지 가위*를 눌릴 때 당하는 것같이 몸은 깨려 하고 정신은 깨지 않는 것과 같았다. 띵한 기운이 머릿속에 가득 차고 온몸이 녹는 듯이 혼몽하였다.

그러자 누구인지 문을 열었다. 석유불을 켜 놓은 등잔불이 더욱 밝아지더니 눈이 부신 햇빛같이 환하여졌다. 나는 이상하지도 않고 무섭지도 않았다. 생시나 같이 예사로웠다.

문이 열리더니 들어오는 사람이 있었다. 그것은 분명한 임실이었다. 그는 하얗게 소복을 입었었다. 그의 손에는 이상한 꽃가지를 들었었다. 문을 닫더니 내 앞에 와서 섰다. 그는 울음을 참는 사람처럼 처창하게* 입을 다물었다. 그는 누구와 이별하는 것같이 몹시 슬픈 낯으로 나를 보았다. 그의 옷 빛은 똑똑하고 선명하게 내 눈에 비치었다.

그는 한참이나 나를 보고 있더니 눈에서 구슬 같은 눈물을 흘리더니 나의 가슴에 엎드려 울었다. 생시나 꼭 마찬가지 목소리로 나를 향하여,

“저는 지금 당신을 이별하고 영원히 갑니다. 생시에는 감히 말씀을 못 하였으나, 지금 마지막 당신을 떠나갈 때 제가 얼마나 당신을 사모하였는지 알 수 없던 그 간곡한 정이나 알려 드릴까 하여 가는 길에 들렀사오니 영영 가는 혼이나마 마지막으로 저를 한 번 안아 주세요.”

하고 가슴에 안겼다. 나는 벌떡 일어나며 임실이를 물리치며,

“버릇 없는 가시네년, 누구에게 네가 감히 이 따위 버르장을 하니.”

하고 꾸짖었다. 그랬더니 임실이는 돌아서서 원망스럽게 나를 흘겨보면서 그러면 이것이 마지막이니 안녕히나 계시라고 어디로인지 사라졌다. 나는 그 사라지는 것이 연기와 같이 허무한 것을 보고 공연히 섭섭한 생각이 나고 가슴 속이 메어지는 듯하여 그렇게 준절히 꾸짖은 나로서 다시,

---

* 가위  자다가 무서운 꿈을 꾸어 옴쭉도 못 하고 답답함을 느끼는 것.
* 처창(悽愴)하다  마음이 몹시 구슬프다.

"임실아! 임실아!"

하고 부르면서 따라나가려 하였다. 그러나 정녕코 생시요 모든 것이 분명하고 똑똑한데 다리를 떼어 놓으려면 다리가 떼어지지 않고, 무엇이 꽉 붙잡는 것 같으며, 입을 벌리려면 혀가 굳어서 말이 나오지 아니하여 무한히 고생을 하고 애를 쓰려 하였으나 마음대로 되지를 않았다. 그러자 누구인지 내 몸을 흔드는 듯해서 눈을 떠 보니까 나는 자리 속에 누웠고 옆에 어머니가 일어나 앉으셔서,

"왜 그러는?"

하고 물어 보신다. 여러 가지를 종합해 보아서 내가 꿈을 꾸었던 것이다.

꿈은 꿈이나 그것이 너무 역력한 까닭에 어머니께 그런 말씀도 하지 못하고 이상하다 하는 생각으로 그 날 밤을 지내었다.

9

그 이튿날 아침에 학교를 갈 적에는 만사를 제쳐놓고 그 집부터 들렀다. 들르기도 전에 멀리서 나는 가슴이 서운해지지 않을 수가 없었다.

"먹을 것도 못 먹고 입을 것도 못 입고…… 임실이가 죽었단 말이 웬 말이냐. 어미 애비 내버리고 네 혼자 어드메로 간단 말고. 애고 애고 임실아……."

하며 어미의 우는 소리가 적적한 마을 고요한 공기를 울리고 내 귀에 들려왔다. 공중에서 날아왔다 날아가는 제비 새끼라든지, 다 익은 낟알이 바람에 불리어 이리 물결치고 저리 물결치는 것이든지, 그 울음소리에 섞이어 몹시 애처로운 정서를 멀리멀리 퍼뜨리는 것 같다.

나는 그 집에 들어가기 전에 벌써 직감적으로 무슨 일이 생긴 것을 알게 되었다. 더구나 시집도 가지 않은 처녀가 원한 품고 죽었구나! 하는 생각을 함에 무서운 생각도 나고 으스스한 느낌이 생겼다.

어미는 머리를 쥐어뜯어 가며,

"임실아! 가려거든 같이 가지 너 혼자 간단 말고."

하며 통곡을 한다. 마름은 옆에 앉아 눈물을 씻고 있다. 농후한 애수가 그 집을 싸고 돈다. 마누라는 나를 보더니,

"도련님, 임실이가 죽었소."

하며 푸념 겸 하소연을 한다. 아랫방 임실의 누운 방문은 꼭 닫혀 있고 그 앞에는 임실이가 신던 신짝이 나란히 놓여 있다.

나는 이것이 정말이라 하면 너무 내 꿈이 지나치게 참말이요, 거짓말이라 하면 이렇게 애통한 광경을 믿지 않아야 할 것이다. 꿈이 이렇게 사실과 결합되는 일이 세상에 어디 있으랴?

"몇 시쯤 하여 그랬는고?"

나는 생각이 있어서 시간을 물어 보았다. 마름은 눈을 꿈벅꿈벅하고 먼 산을 바라보고 꺼질 듯한 한숨을 내쉬더니,

"오경은 되었을게로."

하며 대답을 하였다. 나는 눈을 더 한 번 크게 뜨지 않을 수가 없었다. 그러면 분명히 임실의 혼이 임실의 몸에서 떠날 때 나에게 즉시 다녀간 것이 틀림없었다.


10


나는 그 날 학교를 그만두었다. 집에 돌아와서 몸이 아프다는 핑계를 하고 종일 드러누워 생각함에 실없이 임실이 생각이 나서 못 견뎠다. 나에게 그렇게 구소*에 사무친 원한을 품고 세상을 떠난 것을 생각하매 내 사지 마디가 저린 것 같았다. 불쌍함과 측은한 생각이 나고 또는 적지 않

---

* **구소**  높은 하늘.

은 미신적 관념이 나를 두렵게 하였다.

그리고 일상 나에게 하던 것이라든지 내가 아플 때 나에게 하여 준 것이라든지 또 시집가기 싫어하던 것이든지 병들었던 것을 생각하고 임실의 마음을 추측하매, 임실이는 속으로 나를 몹시 사모하였던 것이 틀림없었다. 그러나 나는 상전이요, 자기는 부리는 사람의 딸이었다. 고귀한 집 도령님을 사모한다고 말로는 차마 하지 못하였으나 그는 속으로 혼자 가슴을 태웠던 것이다. 골수에 사무치도록 나를 생각하였던 것이다. 입이 있고 말을 하나 차마 가슴 속에 든 것을 내놓지 못하였던 것이다.

그 모든 것을 생각할 때 나는 죽어 간 임실을 몹시 동정하게 되었었다. 다시 한 번 만날 수가 있어 그의 진정을 들었으면 좋을걸 하는 생각까지 나고, 나중에는 제가 생시에 그런 말을 하였다면 들어 주기라도 하였을걸 하는 마음까지 났다. 말하자면 나는 임실이가 죽어 간 뒤에 분한 마음이 변하여 사랑하는 마음이 되었다는 것이다.

그 날 저녁에 나는 잠을 자려 하나 잘 수가 없었다. 어머니는 영문도 모르시고 가지각색 약을 갖다가 나를 권하셨다. 그러시면서 내가 어제 저녁에 가위를 눌리더니 몸에 병이 생겼다 하시면서 매우 걱정을 하시었다.

그런데 나는 오늘 아침 임실이가 죽었다는 말을 하지 못하였다. 만일 그 집에 들렀다는 말을 하면 처녀 죽은 귀신이 씌었다고 당장에 집안이 뒤집힐 터인 까닭이다. 나는 온종일 임실이 생각만 하다가 자리 속에 누웠었다. 때는 자정이 될락말락하였었다. 어머니는 내가 잠들기를 기다리시느라고 옆에서 바느질을 하시고 계셨다. 사면은 고요하였다. 멀리서 닭 우는 소리가 들렸다. 나는 눈이 또렷또렷 잠 한잠 자지 못하고 누워 있었다. 그런데 누구인지 문간에서 문을 두드렸다. 어머님도 바느질하시던 것을 그치시고 귀를 기울이셨다. 나도 고개를 돌렸다.

"도련님!"

분명히 임실이 소리다. 어머니와 나는 서로 쳐다보았다. 서로 의아한 것을 깨치기 위함이다. 어머니 한 사람이나 나 한 사람만 듣는 것이 아니라 서로 다 듣는다는 것을 알 때 나는 온몸이 으쓱하였다.

"도련님!"

목소리가 더 똑똑하고 날카로웠다. 나는 무의식하게 벌떡 일어나며 대답을 하려 하였다. 그러자 어머니는 얼핏 나에게로 달려드시며 쉬—— 입을 막으라고 손짓을 하셨다.

"도련님!"

세 번째 소리가 날 때도 나는 아무 말이 없었다. 그 때 나는 등에서 땀이 나도록 무서운 생각이 나서 얼른 자리 속으로 들어왔다.

어머니는 그게 누구 소리냐고 물어 보셨다. 나는 어제 저녁 꿈 이야기로부터 오늘 이야기를 아니할 수가 없었다. 내일이면 온 동리가 다 알 것을 속인들 소용이 없음이었다. 나는 그 이야기를 모조리 하였다. 그랬더니 어머니는 나를 책망하셨다. 그렇게 생명에까지 관계되는 것을 이야기하지 않으니 어찌 자식이며 어미냐고 우시기까지 하셨다. 나는 참으로 말 안 한 것을 후회하였다. 그것은 귀신이 다녀간 것이라 하셨다. 세 번 부르기 전에 만일 대답을 하였다면 내가 죽을 것인데 요행히 괜찮았다고 하셨다.

그 날 저녁은 무사히 넘어갔다. 그 이튿날 어머니는 무당을 불러오셨다. 무당이 내 말을 듣더니 처녀 죽은 귀신이 되어서 그렇다고 그 귀신을 모셔다가 아무 이러이러한 나무 위에 모셔 놓고 일 년에 한 번씩 제사를 지내 주라 하였다. 어머니는 그렇게 하기로 결정을 하셨다. 그 이튿날 임실이는 공동 묘지에 갖다 묻었다. 나는 서운한 생각으로 그 날을 지냈다. 더구나 마음이 편치 못하였다. 더구나 처녀 귀신이 자기를 찾아다니는 것을 생각하고 여러 가지 미신을 종합해 생각할 때 적잖이 불안하였다.

그 날 밤에도 임실이가 꿈에 보였다. 이번에는 아주 다른 세상으로 가서 모든 세상의 더러운 것을 깨끗이 씻어 버리고 선녀처럼 어여쁜 얼굴과 고운 단장을 하고 찾아왔다. 나는 그의 손을 잡고 퍽 반가움을 금치 못하여 이번에는 내가 임실이를 생각하는 것이 분수에 과한 것같이 임실이는 숭고해졌었다. 나는 꿈 속에서 임실이를 사모한다 하였다.

그러나 임실이는 조금 비웃는 듯이 나를 보더니, 만일 당신이 나를 사모하거든 지금이라도 같이 가자고 하였다. 그러면서 손을 잡아 끌었다. 어제 저녁 찾아갔을 때 왜 대답도 아니 하였느냐 하며 자, 어서 가자고 손을 끌었다. 그 때 잠깐 나는 꿈 속에서나마 생시에 먹었던 정신이 들었던 모양이다. 임실이가 참 정말 임실이가 아니요 귀신 임실이라는 생각이 들더니, 만일 임실이를 따라가면 자기도 죽는다는 생각이 나서 손을 뿌리치는 바람에 잠이 깨었다.

잠은 깨었으나 눈앞에 보던 기억이 역력하다.

가기 싫다고 손을 뿌리쳤으나 임실이 모양이 얼마나 숭고하고 어여뻤는지 옆에 집 계집애가 노랑 수건을 던져 주던 따위로는 비길 수 없이 나의 정열을 일으켰다. 일이 허황된 일이라면서 꿈에 보던 임실이를 잊을 수 없다. 어떠한 경우에 사람이 추상적 환상에 반하는 일이 있는 것이나 마찬가지로 나는 꿈 속에 임실이 혼에게 반하였던 모양이다. 나는 잊으려 하나 잊을 수가 없었다. 속으로 자기를 비웃으면서도 가슴 속은 무엇에 취한 것 같았다. 어머니는 이 말을 들으시더니 더욱 근심을 하시면서 얼핏 장가를 들여야겠다고 하셨다. 그리고 유명한 무당과 판수에게는 날마다 다니시다시피 하셨다.

그 이튿날, 또 그 이튿날 꿈에는 임실이가 보이지 않았다. 꿈 속에서 다시 한 번이라도 만나 보았으면 할 때는 정작 오지를 않았다. 꿈을 꾸어서 만나 보고 싶은 생각이 처음 날, 그 이튿날까지는 그리 대단치 않더니, 날이 지날수록 심해져서 어떻게 꿈 속에서 한 번 만나 보나 하는 생각이 간절하여졌다. 그래서 하루 종일 임실이 생각만 하면 혹시 꿈 속에서 만나 볼 수가 있을까 하여 일부러 그 생각만 하였으나 허사였다.

그 후부터 날마다 학교는 가지만 그 집에는 자주 들르지 않았다. 첫째

나 때문에 자기 딸이 죽었다는 청원을 할까 겁나는 까닭이요, 둘째로는 그 죽은 방이 보기 싫은 까닭이었다. 그러나 아무리 하여도 잊혀지지를 않으므로, 이번에는 잊어 보려고 애를 썼다. 어떤 때는 혼자 눈을 딱 감아 보기도 하고 어떤 때는 혼자 고개를 흔들어 눈앞에 보이는 것을 깨뜨려 보려 하였으나 더욱 분명히 보일 뿐이었다. 그래서 이것도 귀신이 나의 마음을 이렇게 만들어 놓은 것이라고 해서 몹시 괴로웠다.

## 11

하루는 토요일이다. 임실을 잊어버리려 하나 잊어버릴 수 없는 생각이 나를 공동묘지까지 끌어갔다. 풀이 우거져서 상긋한 냄새가 온 우주의 생명의 냄새를 나의 콧구멍으로 전하여 주는 듯하였다. 익어 가는 나락들은 무거운 생명의 알갱이를 안은 채 고개를 숙이고 있다. 널다란 벌판에는 생명의 기운이 넘쳐 흐른다. 땅에서 솟아오르는 흙의 냄새가 새로이 나의 정신을 씻어 주는 듯하였다. 먼 산에서 바람에 흔들리는 소나무들은 꿈틀 꿈틀한 줄기와 뻣뻣한 가지로 힘있게 흩날린다. 맑게 갠 하늘에는 긴장한 푸른빛이 이 쪽에서 저 쪽까지 한 귀퉁이 남겨 놓은 것 없이 가득히 찼다. 길 가는 행인들까지 걷어올린 두 다리에 시뻘건 근육이 힘있게 꿈틀거린다. 들로 나가는 황소 목에 달린 종소리까지 쨍쨍한 음향으로 공기를 울린다.

공동 묘지는 우리 동네에서 북쪽으로 시오 리나 되는 산등성이에 있었다. 내가 묘지에 가는 것은 임실의 시체를 만나 보려 하는 것도 아니요, 꿈 속같이 임실의 혼을 만나려는 것도 아니다. 임실이가 나를 그렇게까지 사모하다가 말 한 마디 하지 못하고 그대로 원혼이 되어 갔으며, 또는 그 원혼이 그래도 나를 못 잊고 꿈 속에까지 나를 못 잊어 내 눈에 보이며, 또 그 원혼이 밤중에 나를 찾아왔다 하면 그 간곡한 마음을 다만 얼마라도 위로하는 것이 나의 의리 있는 짓이라고 하는 생각까지 난 까닭이었다. 그러면 사람이라는 것은 이상한 것이 되어 어떠한 물건에 의지하지 아니하면 그 마음이라든지 그 정성을 다하지 못하는 것이므로 부처를 생각하매 흙으로 빚어 만든 불상이거나, 예수를 경배하매 쇠로 만든 십자가가 아니면 그 마음을 한 곳에 붙이지 못하는 것과 같이, 내가 임실이를 생각하매 그의 몸을 묻어 놓은 흙덩이 무덤이 아니면 나의 마음을 부쳐 보낼 수 없음이었다.

나는 이 무덤 저 무덤을 찾아서 임실의 무덤 앞에 섰다. 무덤이 무슨 말이 있으랴마는 나의 심정은 무엇으로 채우는 듯이 어색하여졌다. 죽은 사람의 무덤 위에는 새로 생명으로 솟아오르는 풀들이 파릇파릇 났다. 나는 세상에 가장 애처로운 정서로 얽어 놓은 이 무덤 속에 잠들어 있는 임실이를 위하여 무엇이라고 하여야 좋을지 알지 못하였다.

처녀로서 순결한 마음으로 일평생 한 번밖에 그의 정을 주어 보지 못한 임실의 깨끗한 몸이 여기에 놓여 있고, 그 순진한 심정에서 곱게 피어오르는 사랑의 꽃이 심산 속에 피었다 사라진 이름 모를 꽃 같은 것을 생각할 때 나의 마음은 숭고하고 결백함으로 찼었다.

그러나 한 번밖에 피지 못하는 꽃이 나로 말미암아 피었고 그것이 나로 인하여 꺼져 버린 것을 생각할 때 말할 수 없이 아까웠다. 더구나 그 꽃은 꺼졌으나 그 나머지 향기가 그렇게 쉽게 사라지지 않고 피었던 자리 언저리에 남아 있어 없어지기를 아까워하는 것을 생각할 때 얼마나 나의 마음이 에는 듯 하였는지 몰랐다.

나는 무덤 가장자리를 돌아다녀 보았다. 그의 무덤은 보잘것 없었다. 그의 무덤에는 찾아오는 이도 없었다.

그가 죽어 간 뒤에는 그를 위하여 가슴을 태우는 이라고는 그의 어머니와 아버지가 있을 뿐이다. 그러나 죽어 간 임실이가 그렇게까지 사모하던 내가 이 자리에 와 있는 것을 아는지 모르는지, 만일 참으로 넋이 있어 안다 하면 그가 그것을 만족히 여길는지 아닐는지? 나의 마음 속에는 말할 수 없는 안타까움이 있을 뿐이었다. 나는 옆에 피어 있는 석죽꽃*을 따서 그것으로 화환을 만들어 무덤 앞에 놓아 주고 집으로 돌아왔다. 그 후에는 전과 다름없는 생활을 하여 왔다. 그리고 임실이도 꿈에 오지 아니하고 나도 임실의 생각을 잊어버렸다.

　그러자 일 년이 지나간 어떤 날 또다시 임실이가 왔다. 그것은 바로 임실이가 죽은 지 일 년이 되던 날이다. 그 후에는 연연히 그 날이면 임실이가 보이더니, 내가 서울 와서 공부하던 해부터는 그 날이 되어도 오지 않았다. 지금은 아주 남의 이야기가 되어 버린 것같이 잊어버렸으나, 문득문득 그 때 생각이 나면 그 때 문간에서 나를 부르던 소리가 귀에 역력하여 온몸이 으쓱하여진다.

**＊석죽꽃**　패랭이꽃. 석죽과의 여러해살이풀. 줄기는 약 30㎝ 정도이고 여름에 붉은색과 하얀색의 꽃을 피운다.

석죽꽃

# 계집 하인

1

박영식은 관청 사무를 끝내고서 집에 돌아왔다. 얼굴빛이 조금 가무스름한데 노란빛이 돌며, 멀리 세워 놓고 보면 두 눈이 쑥 들어간 것처럼 보이도록 눈 가장자리가 가무스름한데 푸른빛이 섞이었다. 어디로 보든지 호색*하는 사람이 아니라고 할 수가 없는 삼십 내외의 청년이다. 문에 들어선 주인을 본 아내는 웃었는지 말았는지 눈으로 인사를 하고 모자와 웃옷을 받아서 의걸이에 걸며,

"오늘 어째 이렇게 일찍 나오셨소?"

하며 조금 꼬집어뜯는 듯한 수작을 농담 비슷이 꺼낸다. 영식은 칼라를 떼면서 체경* 앞에 서서,

"이르긴 무엇이 일러, 시간대로 나왔는데."

하고 피곤한 듯이 약간 상을 찌푸렸다.

"누가 퇴사 시간을 몰라서 하는 말요?"

---

* 호색(好色) 여색을 좋아하는 것.
* 체경(體鏡) 몸 전체를 비추어 볼 수 있는 큰 거울.

"그럼."

"오늘은 밤을 새고 들어오지를 않았으니까 말예요."

영식의 아내는 구 가정 부인으로 나이가 한두 살 위다. 거기다가 애를 여럿 낳고 또 시집살이를 어려서부터 한 탓으로 얼굴이 몹시 여윈데다가 몸에 병이 잦아서 영식에게 대면 아주머니뻘이나 돼 보인다. 그런데다가 히스테리 기운이 있어 몹시 질투를 하는 성질이었다.

"내가 언제든지 밤을 새우고 다녔소? 어쩌다 한 번 그런 때가 있지."

"어쩌다가 무엇이오? 나는 뻔뻔스러워서도 그런 말은 할 수가 없겠소."

"무엇이 뻔뻔하단 말이오? 어제 저녁 하룻밤에 더 새고 들어왔소?"

"무엇요? 아이, 기가 막혀. 그끄저께는 새벽 다섯 시에 들어왔죠. 또 지난번 공일날은 일곱 시에나 들어오지 않으셨소?"

영식은 씽긋 웃어 굴복한다는 뜻을 표하고도 그래도 버티어 보느라고,

"그 때야 연회에서 늦어서 자연히 그렇게 되었지 내가 일부러 그랬나?"

"저런 걸핏하면 연회니 하고 아무것도 모르는 구식 여자라고 속이 것다. 그렇지만 나는 못 속여요. 그 이튿날 당신 양복 주머니를 보니까 하이칼라 향수 냄새가 나는 여자 수건이 들었던데 그래?"

"허허, 수건이 있기로 그렇게 이상할 건 없지. 요릿집에서 기생의 수건을 술김에 넣고 온 게지."

이 말을 듣더니 주인 아내는 서랍을 와락 열더니 꽃봉투에 넣은 편지 한 장을 쑥 내놓으며,

"이것도 요릿집에서 술김에 넣어 준 손수건이오? 자! 어서 오늘 저녁에는 이 편지한 여자에게 가서 밤이나 새고 오시우! 나같이 늙어빠진 년을 어떻게 당신같이 젊은이가 생각할 수 있겠소. 밥이나 짓고 빨래나 하지."

영식은 봉투를 물끄러미 보다가 상을 잠깐 찌푸리며,

"이게 어디서 왔소?"

하며 피봉을 이리저리 뒤적거려 보았다. 주인 아내는 소리를 포달스럽게 툭 쏘아서,

"누가 알우! 그것을 날더러 물어본단 말요? 저런 사내들은 능청맞단 말야. 편지하라고 번지 수 알으켜 줄 적은 언제고 지금 와서 시치미를 딱 떼고 어름어름한다."

영식은 아무 말도 하기 싫다는 것 모양으로 입을 다물고 있다가,

"편지 보낸 사람의 주소와 이름이 없으니 누군 줄 알 수 있나……."

속으로는 벌써 알아챈 것이 있으나 부인이 옆에서 감시를 하므로 어물어물하는 수작을 한다.

"보내는 사람의 주소와 이름은 쓰지 않은 것을 보면 주소나 이름을 말할 것도 없이 안다는 뜻이 아니오. 어서 반갑거든 그대로 반갑다고 그래요. 다른 사연 있겠소? 오늘 밤에 오라는 것이겠지."

"아따, 퍽도 그러네. 편지를 한두 장 받는 터가 아니요 어떻게 안단 말이오. 하지만 누군지는 몰라도 남에게 편지를 하려면 자기의 이름과 주소를 쓰는 법이지…… 아냐, 도루 우체통에 넣어 버려."

하고 짐짓 화나는 체하고 편지를 뜯지도 않고 장머리에다 올려놓았다. 그것은 아내의 마음이 풀리면 슬그머니 갖다 보자는 수작이다.

"왜 보시지를 않소? 어서 보고 가 보시구려. 내 혼자 집 보고 있을게."

서로 이렇게 찧고 까불다가 아내가,

"대관절 나는 혼자 살림살이는 참 못 하겠소."

하고 주인의 약점을 쥐인지라 거침없이 요구가 나온다.

"할멈이 간 후에 혼자 숱한 살림살이를 하자니까 사람이 죽겠구려."

"왜, 사람 하나를 얻으라니까 얻지 않고 그래."

"사람이 어디 그렇게 입에 맞은 떡처럼 있소?"

"그래도 수소문하면 있겠지."

"그런데 나리."

이번에는 아내 쪽이 수그러지며 말소리가 공손해진다.

"왜 그러우?"

하는 영식의 얼굴에는 위엄을 꾸몄다.

"저 오늘 박 주사 댁이 와서 사람 하나를 지시하마 하였는데 당장에라도 불러올 수 있다고, 자식도 없고 서방도 없는데 일을 썩 잘 한대."

하며 주인을 타이르기에 전력을 다하다시피 한다.

"나이는 얼마나 되었는데?"

영식이 나이 묻는 것도 싫어서,

"나이는 아무렇거나 알아 무엇 하시려?"

"아따, 나이 좀 물은 것이 잘못이란 말이오?"

"나이는 퍽 젊답디다. 자세히 물어보지는 않았으나 그렇지만 일도 잘하고 사람도 괜찮대."

나이 젊다는 것을 들은 영식은 비록 이상한 야심이 생긴 건 아니지만 쓸데없는 호기심이 생겨서,

"그러면 데려오구려. 월급은 전에 있던 노파와 똑같이 주겠지?"

"그렇지."

아내는 잠깐 주저주저하더니 말할 듯 말 듯 하더니 급기야 입을 열면서,

"그런데요, 인물이 어떻게 생겼는지는 알 수 없으나 박 주사 댁 말을 들으면 인물 하나가 안 되었다고."

주인이 말을 듣더니,

"인물이 어떻기에?"

하며 놀라는 듯이 아내를 본다.

"그게 아니라 어려서 불에 디어 얼굴을 찍어맸다구요."

"그럼 보기 싫을걸."

"그래서 박 주사 댁도 보고서 쓰랴거든 쓰고 말랴거든 말라는데 얼굴야 무슨 상관 있소, 일만 잘하면 고만이지."

"그렇지만 너무 보기 싫으면 어떻게 하우?"

"보기 싫어도 눈 있고 코 있겠지. 반쪽은 아닐 테니까."

"하지만 안됐어, 사람이란 인상이 나쁘면 못써. 더구나 친구가 많이 다니는 우리 집에서 불쾌하게 보여서는 안 될걸. 외국에서는 호텔이나 큰 상점의 여사무원도 무엇보다도 인물 시험부터 본다우."

"글쎄 인물만 해반주룩하면 무엇 하우. 일이 첫째 목적인데 일만 잘하면 고만이지, 인물만 이쁘면 첩을 삼을 테요? 회똑회똑하고 석경 앞에서 떨어질 줄이나 모르면 그런 고질을 어떻게 한단 말이오?"

"그래도 사람은 외양에 있지, 그렇게 보기 싫거든 조금 더 기다려 보아서 다른 데 마땅한 것을 데려오지."

아내는 화를 버럭 내며,

"글쎄 딱하기도 하시우, 어느 천년에 다른 것을 데려온단 말요, 좀 보우."

하고 툇마루 끝으로 나가서 빨래 광주리를 헤치면서

"이렇게 빨래가 쌓였구려. 요새처럼 날 좋은 때 하지 않고 언제 한단 말이오. 큰댁 생신이 며칠 안 남았는데 그 동안에 준비는 누가 다 하우. 옷도 한 벌씩은 지어 입어야지. 어린것들은 벌거벗겨 데리고 가우. 나는 시방이라도 데려올 터이야."

"그런 것이 아냐. 왜 김 주사 집에 있던 사람 얌전하더군. 일 주일만 지내면 오마고 했으니 그 사람을 데려오지."

아내는 하품을 하며,

"어이, 일 주일을 언제 기다린단 말요. 나는 모르겠소. 남의 생각은 조금도 할 줄 모르니까 내가 부릴 사람 내가 데려온다는데 웬 걱정들요."

"그럼 나는 모르겠소. 하고 싶은 대로 하구려. 내 그렇게 억지를 피는 것은."

하고 돌아앉으니까 아내는 그 말이 떨어지기가 무섭게,

"염려 말아요. 내 데려올게."

## 2

　그 날로 양천집이 왔다. 오고 본즉 주인 아내도 유쾌치 못할 만큼 흉한 얼굴을 가졌다. 한쪽 얼굴이 눈 하나를 어울러서 뺨까지 대패로 깎은 듯하고 따라서 눈알이 껍질이 벗겨져서 툭 불그러졌다. 그래 한 눈이 유달리 크므로 다른 한쪽은 또한 몹시 작아 보인다. 거기다가 곰보요 머리는 쥐가 뜯은 것처럼 군데군데 났다. 단 손이 크고 발이 크다.

　그러나 아내는 말을 하지 못하고 다만 남편이 들으라는 듯이,

　"참 꼴불견이라더니 게 두고 맞췄어. 일은 참 잘해요. 설거지하는 것
　이라든지 쓰레질하는 것이 또 황소같이 세차게 해."

하고 남편 옆에서 넌지시 말을 하였다. 주인은 그 말을 들은 체 만 체하고 신문만 보고 앉아 있다.

　며칠이 지났다. 양천집의 흠이 나타나기 시작하였다. 시골서 아무렇게나 자라난 데다가 이리저리 떠돌아다녀서 배운 것 없고 본 것이 없어서 어른 아이 알아볼 줄을 모르고 말버릇이 없다. 거기다가 성미가 뾰롱뾰롱하고* 소갈머리가 없어서 어떤 때는 주인 아내의 눈짓하는 것도 모르고 제멋대로 하는 때가 있다. 그럴 때마다 주인은 상을 찌푸리고 코웃음을 친다.

　어떤 때는 통내외하고 다니는 친구가 와서 보고 주인 귀에다 몰래,

　"내보내게. 못쓰겠네. 첫째 남 볼썽이 사나."

하며 권고를 한다. 그럴 때마다 주인은,

　"나도 아네. 하지만 온 지가 열흘도 못 된 것을 어떻게 내보내나. 차
　차……."

하고 대답만 하여 두었다. 이 눈치를 챈 주인 아내는 그 친구를 몹시 미

---

**＊뾰롱뾰롱하다**　남을 대하는 게 몹시 까다롭고 톡톡 쏘아 대다.

워하기 시작하였다.

　"별 걱정을 다 하네. 오지랖*도 꽤 넓지, 남의 집 살림 걱정까지 하게."

하며 옆에다 세워 놓고 욕을 할 적이 있었다. 그럴 적마다 주인은 치밀어

올라오는 분을 참는다. 학교 다니는 열두 살 먹은 큰아들도 걸핏하면,

　"찍어뱅이, 애꾸눈이!"

하고 놀려먹는다. 그러면 그런 때마다 몽둥이찜이 내린다.

　그것이 도화선이 되어 내외 쌈이 된다.

　"집안의 위엄이 너무 없어."

하고 남편이 호령을 하면 아내는,

　"자식들이 너무 버릇 없어."

하고 대든다. 공연히 사람 하나 데려온 것이 집안을 불화하게 만들어

놓았다.

　그러자 양천집에게 하루는 기별이 오기를, 동서가 죽었는데 초상 볼

사람이 없으니 급히 와 달라 하였다. 양천집은 황망히 그리로 갔다. 일

을 하다 말고 갔으므로 주인 아내는 어쩔 줄을 몰랐다. 어떻든 속히 오

라고 하기는 하였으나 한시가 액액한지라 혼자 걱정만 하고 있었다. 그

때에 주인은 생각하기를 이런 좋은 기회를 잃지 말고 얼른 다른 것을

불러오겠다 하였다. 그래서 하루는 아내를 동정하듯이,

　"일하던 것을 그대로 두고 가서 어떻게 한단 말이오!"

하고 은근히 의논을 하였다.

　"글쎄 말요. 빨래는 허다 말고 그대로 내버리고 가서 그것도 걱정이

오. 내가 손이 나야 바느질이라도 할 터인데."

　주인은 이 말을 듣더니,

　"그것이 오고가는 데 적어야 이틀은 걸릴 것이요, 초상을 치르자면

---

\* 오지랖　웃옷이나 윗도리에 입는 겉옷의 앞자락. '오지랖이 넓다'는 주제넘게 아무 일에나
　참견한다는 뜻.

사흘은 걸릴 터이니, 적어도 닷새는 될 터이란 말야.”

“그래요. 허지만 어디 그렇게 꼭꼭 날짜대로 일이 되오, 조금 늦기가
쉽지.”

“그러면 여보, 그것이 나려올 때까지 김 주사 집에 있던 것을 데려다
둡시다 그려.”

이 말에 솔깃한 아내는,

“하지만 어떻게 왔다가 도루 가라고 그런단 말이오?”

“무얼, 돈냥이나 더 주면 고만이지.”

“글쎄.”

피차 타협이 되어 김 주사 집에 있던 점순 어멈을 데려왔다.

사람이 체나서 영리하고 인물도 반반하며 일도 하질 못하지 않고 말
솜씨라든지 어린애 보는 것이 주인 맘에도 솔깃하였다. 그러나 주인 아
내는 쓸데없이 의심을 내어서 주인이 점순 어멈에게 하는 행동을 눈여
겨보지 않는 것이 없다.

‘점잖은 사람이 그럴 리가 있나.’

하고 혼자 위로도 하였다가,

‘그렇지만 알 수 있어야지, 그런 짓이란 옛날부터 없는 일이 아니고.’

하며 공연한 걱정을 한다. 그런 기색을 볼 때마다 주인은 혼자 웃으면
서 속으로는 일상 같이 노는 기생 점고만 하고 앉아 있다.

일 주일이 지났는데도 양천집이 오지를 않다가 열흘이 넘어서야 왔
다. 문간에 들어서기 전까지도 혹시 내가 늦게 와서 다른 사람을 그 동
안에 두지나 아니하였을까 하는 걱정이 생기며 공연히 가슴이 두근거
렸다. 시골서 서울까지 걸어오는 길에서도 손가락을 꼽아 가며,

‘벌써 열흘이지.’

하다가,

‘만일 다른 사람이 있으면 나는 내쫓길 터인데.’

하고 걱정이 되어 애꾸눈을 두리번두리번하였다.

　'실상은 늦게 오랴 늦게 온 것이 아니라 짚신이 떨어져서 그 값을 버느라고 옆에 집 방아를 이틀 동안 찧어 준 죄밖에는 없는데.'

이렇게 걱정이 되어서 궁리가 대단하여,

　'만일 나가라면 그 집에서 찾을 돈이 얼마나 되누. 열흘 동안 있었으니 한 달에 삼 원을 몇으로 쪼개야 되나.'

하고 길거리에 앉아서 모래알을 서른 개 주워 가지고 닷 냥 열 냥 하고 삼십 분이 넘도록 셈을 보아서 일 원이라는 것을 발견은 하였으나 그래도 자기의 구구를 믿을 수가 없어서 어떤 주막에 들어가,

　"여보, 영감님!"

하고 사정 이야기를 하고 자기 구구가 맞았느냐고 물어보았다. 그 늙은이 역시 한참 있다가 꾸물꾸물하더니,

　"그런가 보외다."

하고 몽롱하게 대답을 한다. 기연가미연가하여 반신반의로 어떻든 일 원은 주겠지 하고 서울까지 왔다.

　문을 열고 들어서니까 낯선 사람 하나가 밥솥을 씻는다. 두 사람의 눈이 마주칠 때에는 마치 고양이가 쥐 노리듯 무서웁고 암상스러운 질투의 광채가 두 눈에서 번개처럼 번득이었다. 서로 자기의 지위와 자리를 빼앗기지 아니하려고 경계를 하였다.

　"어서 오게."

　주인 아내가 나오며,

　"왜 이렇게 늦었어?"

하는 소리는 풀이 없고 쌀쌀한 듯하게 양천집 귀에 들렸다.

　"급히 볼일이 있어 늦게 왔어요."

　"무슨 볼일이 그리 급했담."

　양천집은 마루 끝에 와 서서 주인 아내를 보며,

"저 사람은 누구예요?"

하며 부엌을 가리켰다.

"응, 새로 온 사람야."

양천집은 얼굴이 빨개졌다. 그리고는 얼마간 아무 말이 없다가 속으로 헤아려 보았다. 저 사람은 자기보다 우선 인물이 곱다는 것이 여간 샘이 나지 않았다. 또는 자기처럼 투박한 시골 사람이 아니라는 것이 샘이 났다.

"어떻든 다리나 좀 쉬게. 그리고 되는대로 결말을 내줄 터이니."

처음에 온 양천집과 나중 온 점순 어멈 사이에는 암투가 시작되었다. 그 암투는 결코 상대를 해하는 것이 아니라 자기의 힘과 정성을 다하여 주인에게 잘 보이려는 것이었다.

점순 어멈이 밥상을 보면 양천집은 설거지를 하고, 양천집이 마당을 쓸면 점순 어멈은 마루를 훔쳤다. 방이 끝나면 세간을 닦고 먼지를 털면 물을 뿌렸다. 네가 하면 나도 한다. 서로 겨끔내기로 하는 바람에 좋아지기는 주인밖에 없다. 나중에는 주인의 구두닦기며 뒷간까지 말끔히 쓸어 놓았다. 그 날 저녁 주인 내외는 서로 앉아서 의논을 하였다.

"어떻게 해야 좋겠소?"

"글쎄."

"하나는 있던 것이니까 박절히 가라 할 수도 없고 또 나중 온 것은 며칠 되지 않았는데 어떻게 가라고 해요?"

"허지만 제가 가서 늦게 오기 때문에 사람을 둔 것이지 제가 속히 왔어도 두어?"

하고 전 것을 내미는 말을 하였다.

"그렇지만 나중 온 것은 나리 말씀과 마찬가지로 임시로 두기로 하지 않았소?"

하며 아내는 전 것을 그대로 둘 의향이다.

"아따, 그 때는 그랬지만 사람 둘을 놓고 보아요, 어느 것이 나은가?"

"사람야 둘이 다 괜찮지."

"무엇야? 둘이 다 괜찮다니, 그래 얼거뱅이 찌거뱅이에다 악상꾼이요 또 보고 배운 것이 없는 것과, 인물 얌전하고 말솜씨 있고 사람 영리한 것하고 똑같단 말요? 온, 말을 해도 조금이나 동에 닿는 말을 해야지."

"그렇지만 경우가 그렇지 않소."

"경우가 무슨 경우야, 내 돈 주고 나 사람 쓰는데 내 맘에 들면 두고 그렇지 않으면 내보내는 것이지 경우가 다 무엇이야."

이렇게 싸우다가 결국은 돈 소리에 아내가 고개가 숙여지기 시작한다. 남편은 화증을 와락 내면서,

"아따 맘대로 하구려, 나는 그런 돈을 낼 수가 없으니 나중 것을 두든지 먼첨 것을 두든지 멋대로 하우."

하고 돌아 드러눕는다. 아내는 남편을 타이르려고,

"그렇게 화까지 내실 것이 있어요? 좋을 대로 하지."

그 이튿날 점순 어멈과 양천집은 아침을 해 치르기 전에 주인 앞에 서서 간택하기를 기다렸다. 영리한 점순 어멈은 벌써 자기가 승리자인 것을 알아채고서,

"나리 처분대로 하시지요."

하고 금치 못하여 나타나는 기꺼운 빛이 얼굴에 보이고 양천집은 자기 자리를 빼앗긴 것이 분하여,

"제가 있어야 옳지요. 제가 다니러 간 새에 저 사람은 임시로 와 있었으니까요."

하고 잡았던 것을 빼앗기는 사람이 그것을 빼앗기지 않으려는 듯이 억지 겸 변명을 한다.

"그렇지만,"

주인은 엄연히 서서,

"자네는 가서 오지 않았으므로 저 사람을 둔 것이지 자네를 내보내려
고 그러한 것은 아냐. 그러니까 오늘부터는 둘 수가 없으니 용량해
하게."

점순 어멈은 북받치는 즐거움을 이길 수가 없어서 돌아서서 씽긋 웃
는다. 양천집은 눈물이 그렁그렁하여,

"그렇지 않습니다. 저 사람은 제가 올 때까지 잠깐 와 있던 사람이요,
저는 처음부터 있었으니까요."

"그러니 어쨌단 말야. 나는 더 말할 수 없어."

하고 사랑으로 나갔다.

주인 아내도 하는 수 없다는 듯이,

"나리께서 그렇게 말씀을 하시니 나도 헐 말이 없네."

짝짝이 눈에서 눈물이 흐르며 그는 마지막으로 힘있게 하는 소리가,

"그러면 제가 받을 돈이나 주세요."

하고 손을 내밀었다.

"그것야 그러지."

하고 아내는 돈 일 원과 약간의 은전 몇 푼을 갖다 쥐어 주며,

"자, 미안하니 신이나 한 켤레 사 신게."

하고 양천집의 손에 돈이 놓일 제, 그는 눈물이 젖은 얼굴이 반갑고 좋은 마음에 실룩실룩하고 떨리더니 마음이 적이 풀리어 인사를 하고 문밖으로 나갔다.

# 별을 안거든 우지나 말 걸

건반 위에 피곤한 손을 한가히 쉬이시는
만하 누님에게 한 구절 애달픈 울음의
노래를 드려 볼까 하나이다.

1

저는 이 글을 쓰기 전에 우선 누님 누님 누님 하고 눈물이 날 만치 감격에 떨리는 목소리로 누님을 불러 보고 싶습니다.

그것도 한낱 꿈일까요? 꿈이나 같으면 오히려 허무로 돌리어 보내 얼마간에 위로가 있겠지만 그러나 그러나 그것도 꿈이 아닌가 하나이다. 시간을 타고 뒷걸음질친 또렷하고 분명한 현실이었나이다.

그러나 꿈도 슬픈 꿈을 꾸고 나면 못 견딜 울음이 복받쳐올라오는데, 더구나 그 저의 작은 가슴에 쓰리고 아픈 전상을 주고 푸른 비애로 물들여 주고 빼지 못할 애달픈 인상을 박아 준 그 몽롱한 과거를 지금 다시 돌아다볼 때 어찌 눈물이 아니 나고 어째 가슴이 못 견디게 쓰리지 않을 수가 있을까요?

그러나 멀리 멀리 간 과거는 어쨌든 가버리었습니다. 저의 일생을 꽃다운 역사, 행복스러운 역사로 꾸미기를 간절히 바라는 바가 아닌 게 아니지마는 지나갔는지라 어찌할까요. 다시 뒷걸음질을 칠 수도 없고 다만 우연히 났다 우연히 사라지는 우리 인생의 사람들이 말하는 바 운명이라 덮어 버리고 다만 때없이 생각되는 기억의 안타까움으로 녹는 듯한 감정이나 맛볼까 할 뿐이외다.

2

그 날도 그전과 같이 고개를 숙이고 무엇을 생각하였는지 몽롱한 의식 속에 C동 R의 집에를 갔었나이다. R는 여전히 나를 보더니 반가워 맞으면서 그의 파리한 바른손을 내밀어 악수를 하여 주었나이다. 저는 그의 집에 들어가 마루 끝에 앉으며,

"오늘도 또 자네의 집 단골 나그네가 되어 볼까?"

하고 구두끈을 끄르고 방 안으로 들어가 모자를 벗어 아무데나 획 내던지며 방바닥에 가 펄썩 주저앉았다가 그 R의 외투 주머니에 손을 넣어 담배 한 개를 꺼내어 피워 물었나이다.

바닷가에서는 거의거의 그쳐 가는 가늘은 눈이 사르락사르락 힘없이 떨어지고 있었나이다. 그 때 R의 얼굴은 어째 그전과 같이 즐겁고 사념*없는 빛이 보이지 않고, 제가 주는 농담에 다만 입 가장자리로 힘없이 도는 쓸쓸한 미소를 줄 뿐이었나이다. 저는 그것을 보고 아주 마음이 공연히 힘이 없어지며 다만 멍멍히 담배 연기만 뿜고 있었나이다.

R는 무엇을 생각하였는지 멀거니 앉았다가,

"DH."

하고 갑자기 부르지요. 그래 나는,

"왜 그러나?"

하였더니,

"오늘 KC에 갈까?"

---

\* 사념(邪念) 사특한 생각.

하기에 본래 돌아다니기 좋아하는 저는 아주 시원하게,

"가지."

하고 대답을 하였더니 R는 아주 만족한 듯이 웃음을 웃으며,

"그러면 가세."

하고 어디 갈 것인지 편지 한 장을 써 가지고 곧 KC를 향하여 떠났나이다.

KC가 여기서부터 60리, R의 말을 들으면 험한 산로를 넘어가지 않으면 안 된다 하지요. 그리고 벌써 열한 시나 되었으니 거기를 가자면 어두워서나 들어갈 곳인데 거기다가 오다가 스러지는 함박눈이 태산같이 쌓였나이다. 어떻든 우리는 떠났나이다. 어린아이들같이 기꺼운 마음으로 뛰어갈 듯이 떠났나이다.

우리가 수구문에서 전차를 타고 왕십리 정류장에 가서 내릴 때에는 검은 구름이 흩어지기를 시작하고 눈이 부신 햇발이 구름 사이를 통하여 새로 덮힌 흰 눈을 반짝반짝 무지개 빛으로 물들였나이다. 지는 그 눈을 밟을 때마다 처녀의 붉은 입술 사이에서 때없이 지저귀는 어린 꾀꼬리의 그 소리같이 연하고도 애처롭게 얼크러지는 듯한 눈 소리를 들으며 무슨 법열권내에 들어나 간 듯이 다만 R의 손만 붙잡고 멀리 보이는 구부러진 넓은 시골길만 내려다보며 천천히 걸어갔을 뿐이외다.

그러나 R의 기색은 그리 좋지 못하였나이다. 무슨 푸른 비애의 기억이 그를 싸고 돌아가는 것같이 그의 앞을 내다보는 두 눈에는 검은 그림자가 덮혀 있는 듯하였나이다. 그리고 때때 내가 주는 말에 대답도 하지 않고 보이지 않게 가벼운 한숨을 쉬며 그의 괴로운 듯한 가슴을 내려앉혔나이다.

때때 거리거리 서울로 향하여 떠들어 온 시골 나무 장사의 소몰이 소리가 한적한 시골의 가만한 공기를 울리어 부질없이 뜨겁게 돌아가는 저의 핏속으로 쓸쓸하게 기어들어올 뿐이었나이다.

넓고 넓은 벌판에는 보이는 것이 눈뿐이요, 여기저기 군데군데 서 있는 수척한 나무가 보일 뿐이었나이다. 저는 이것을 볼 때마다 저 —— 북쪽 나라를 생각하였으며 정처없는 방랑의 생활을 생각하였나이다.

그리고 지금 우리 두 사람이 방랑의 길을 떠난다고 가정까지 하여 보았나이다. R은 다만 나의 유쾌하게 뛰어가는 것을 보고 쓸쓸한 웃음을 웃을 뿐이었나이다.

우리가 SC강을 건널 때에는 참으로 유쾌하였지요. 회오리바람만 이 귀퉁이에서 저 귀퉁이로 저 귀퉁이에서 이 귀퉁이로 휙휙 불어갈 때에 발이 빠지는 눈 위로 더벅더벅 걸어갈 제 은싸라기 같은 눈가루가 이리로 사르락 저리로 사르락 바람에 불려 가는 것은 참으로 끼어안을 듯이 깜찍하게 귀여웠나이다. 우리는 그 눈덮인 모래톱으로 두 손을 마주잡고 하나, 둘을 부르며 달음질을 하였나이다. 그리고 또다시 SP강에 다다랐을 때에는 보기에는 무서워 보이는 푸른 물결이 음녀의 남치맛자락이 바람에 불리어 그의 구김살이 울멍줄멍하는 것같이 움실움실 출렁출렁하고 있었습니다. 우리는 나룻배를 타고 그 강을 건너 주막거리에서 점심을 먹을 때에 R가 나에게 말하기를,

"술 한잔 먹으려나?"

하기에 나는 하도 이상하여,

"술!"

하고 아무 소리도 못하였습니다. 여태까지 술을 먹을 줄 모르는 R가 자진하여 술을 먹자는 것은 한 가지 이상한 일이었나이다.

KC를 무엇하러 가는지도 모르고 가는 저는 또한 R가 술 먹자는 것을 또다시 그 이유까지 물어 볼 필요가 없었나이다.

그는 처음으로 술을 먹었나이다. 우리는 또다시 걸어갔나이다. 마액은 그 쓸쓸한 R를 무한히 흥분시켰나이다. 그는 팔을 내저으며 목소리를 크게 하여 말하기를 시작하였나이다. 그는 나의 손을 힘있게 쥐며,

"DH."

하고 부르더니 무슨 감격한 듯한 어조로,

"날더러 형님이라고 하게." 하고 조금 있다가 다시,

"나는 DH를 얼마간 이해하고 또한 어디까지 인정하는데."

하였나이다.

아, 얼마나 고마운 소리일까요? 저는 손아래 동생은 있어도 손위의 형님을 가질 운명에서 나지를 못하였나이다. 손목잡고 뒷동산 수풀 사이나, 등에 업고 앞세워 물가로 데리고 다녀줄 사람이 없었나이다. 무릎에 얼굴을 비벼가며 어리광부려 말할 사람이 없었나이다. 다만 어린 마음 외로운 감정을 그렁저렁한 눈물 가운데 맛볼 뿐이었나이다. 그리고 할아버지나 할머니의 머리를 쓰다듬어 주시는 부드러운 사랑을 맛보지 못하였나이다. 그리고 아버지 어머니는 본래 젊으시니까……

그리고 어려서부터 오늘날까지 지낸 과거를 생각하여보면 웬일인지 한 귀퉁이 가슴 속이 메인 듯해요. 그런데 '형님'이라 부르고 '아우'라고 부르라는 소리를 듣는 저는 그 얼마나 기꺼웠을까요? 그 얼마나 반가웠을까요. 그리고 나를 이해하고 나를 얼마간일지라도 인정하여 준다는 말을 들은 나는 그 얼마나 감사하였을까요. 그러나 그 감사하고 반갑고 기꺼운 말소리에 나는 얼핏 '네' 하지를 아니하였나이다. 그 '네' 하지 않은 것이 잘못일는지 잘못 아닐는지 알 수 없으나 어찌하였든 저는 '네' 소리를 하지 못하였습니다. 그러면 그것이 나를 이해하고 나를 인정하여 주는 그 R의 마음을 더 슬프게 하였을는지 더 무슨 만족을 주었을는지는 알 수 없으나 나는 거기에 이렇게 대답을 하였나이다.

"좋은 말이오. 우리 두 사람이 어떠한 공통선상에 서서 서로 인정하고 서로 이해함을 서로 받고 주면 그만큼 더 행복스러운 일이 없지. 그러하나 형이라 부르거나 아우라 부르지 않고라도 될 수 있는 일이 아닐까? 도리어 형이나 아우라는 형식을 만들 것이 없지 아니하냐?"

고 말을 하였더니 그는 무엇를 깨달은 듯이,

"딴은 그것도 그렇지."

하고 나의 손을 더 힘있게 쥐었나이다.


3


금빛 나는 종소리가 파랗게 개인 공중을 울리고 어디로 사라져 버리는지? 그렇지 아니하면 온 우주에 가득찬 에테르를 울리며 멀리멀리 자꾸자꾸 끝없이 가는지, 어떻든 그 예배당 종소리가 우두커니 장안을 내려다보는 인왕산 아래 붉은 벽돌집에서 날 때 저와 R는 C예배당으로 들어갔나이다.

그 때에 누님도 거기에 앉아 계시었지요. 그리고 그 MP 양도……

처음 보지 않는 MP 양이지마는 보면 볼수록 그에게서 볼 수 있는 것이 자꾸자꾸 변하여 갔나이다. 지난번과 이번이 또 다르지요. 지난번 볼 때에는 적지 않은 불안을 가지고 그 여성을 보았습니다. 그리고 얼마간의 낙망을 가지고 보았을는지도 모르지요. 그러나 이번의 그를 볼 때에는 웬일인지 그에게서 보이지 않게 새어나오는 무슨 매력이 나의 온 감정을 몽롱한 안개 속으로 헤매이는 듯이 누런 감정을 나에게 주더니 오늘에는 불그레하게 황금색이 나는 빛을 나에게 던져 주더이다. 그리고 그 황금색이 농후한 액체가 평평한 곳으로 퍼지는 듯이 점점점점 보이지 않게 변하여 동색의 붉은 빛으로 변하고 나중에는 어여쁜 처녀의 분홍 저고리 빛으로 변하기까지 하였나이다.

그리고 그가 고개를 돌릴 듯 돌릴 듯할 때마다 나의 전신의 혈액은 타오르는 듯하고 천국에 햇발 같은 행복의 빛이 나의 온몸 위에 내리붓는 듯하였나이다. 그리고 한 시간밖에 안 되는 예배 시간이 나의 마음을 공연히 못살게 굴었나이다.

어찌하였든 예배는 끝이 났지요. 그리고 나와 R는 바깥으로 나왔지요. 그 때 누님은 나를 기다리었지요. 그리고 저와 누님은 무슨 이야기든가 그 이야기를 할 때 아아, 왜 MP 양이 누님을 쫓아오다가 저를 보고 부끄러워 고개를 돌리고 저편으로 줄달음질쳐 달아났을까요? — 그 그렇지 않다는 그 MP 양이 — 누님, 그 MP 양이 고개를 돌리고 줄달음질을 하거나 부끄러워 얼굴빛이 타오르는 저녁 노을빛 같거나 그것이 나에게 무엇이 되겠습니까?

그러나 왜 나를 보고 그리하였을까요? 아마 다른 남성을 보고는 그리 안했을 터이지요? 그리고 그 줄달음질하여 저 쪽으로 돌아가서는 그의 마음이 어떠하였을까요? 더욱 부끄럽지나 아니하였을까요? 그렇지 않으면 후회하는 마음이 나지나 아니하였을까요?

어떻든 그것이 나에게 준 MP의 첫째 인상이었나이다. 그리하고 환희와 번뇌의 분기점에 나를 세워 논 첫째 동기였나이다. 저는 언제든지 이 시간과 공간을 떠날 날이 있겠지요. 그러나 그 깊이 박힌 인상은 두렵건대 그 시간과 공간에 영원한 흔적을 남겨 줄는지요?

4

사랑하는 누님, 왜 나의 원고는 도적질하여 갖다가 그 MP 양을 보게 하였어요? 그 MP 양이 그 글을 보고 얼마나 웃었을까요?

누님의 도적질한 것은 그것을 죄로 정할까요, 상을 주어야 할까요? 저는 꿇어 엎디어 절을 하겠습니다. 그리고 천국의 문을 열어 드릴 터입니다. 그런데 그 원고 ○○○이라 한 곳에 서투른 필적을 자랑하려 한 것인지? 그렇지만 그런 것은 아니겠지. 그렇지요, 그렇지는 않지요. 그러나 나의 원고를 더럽힌 그에게는 무엇이라 말을 하여야 좋을까요?

그러나 그러나 그 필적은 나의 가슴에 무엇인지를 전하여 주는 듯하였나이다. 사람이 입으로나 붓으로는 조금도 흉내 낼 수 없는 그 무엇을 전하여 주더이다. 다만 취몽중에 헤매이는 젊은이의 가슴을 못 살게 구는 그 무엇을?

## 5

고맙습니다. 누님은 그 MP 양과는 또다시 더 어떻게 할 수 없는 형제와 같다 하였지요? 그리고 서로서로 형님 아우 하고 지낸다지요. 저는 다만 감사할 뿐이외다. 그리고 영원한 무엇을 바랄 뿐이외다. 그러나 저에게는 그 누님과 MP 양 사이를 얽어 놓은 형제라 하는 형식의 줄이 나를 공연히 못 살게 구나이다. 그리고 모든 불안과 낙망 사이에서 헤매이게 하나이다.

누님의 동생이면 나의 누이지요. 아니 나의 누님이지요. ― 그 MP 양은 나보다 한 살이 더하니까 ― 그러면 나도 그 MP 양을 누님이라 불러야 할 것이지요. 아아, 그러나 그것이 될 일일까요. 누님이라 부르기가 어려운 일이 아니지마는 나의 입으로 그를 누님이라고 부른다 하면 그 부르는 그 날로부터는 그의 전신에서 분홍빛 나는 무슨 타는 듯한 빛을 무슨 날카로운 칼로 잘라 버리는 듯이 사라져 버릴 터이지. 아니 사라져 없어지지는 않더라도 제가 이 눈을 감아야지요. 아아, 두려운 누님이란 말, 나는 이 두려운 소리를 입에 올리기도 두려워요.

## 6

오늘 저는 PC에 보낼 원고를 쓰고 있었습니다. 머리가 아프고 신흥이 나지가 않아서 펴놓은 종이를 척척 접어 내던져 버리고 기지개를 한번 켜고 대님을 한번 갈아 매고 모자를 집어 쓰고 바깥으로 나갔습니다. 시계는 벌써 입곱 시를 10분이 지나고 있었나이다.

저의 가는 곳은 말할 것도 없이 R의 집이지요. 그리고 내가 책을 볼 때에나 글씨를 쓸 때에나 길을 걷거나 천정을 바라보고 누워 있을 때나 눈을 감고 명상할 때에나 나의 눈앞을 떠나지 않는 그 MP 양을 오늘 R의 집에를 가면서도 또 보았습니다.

저는 언제든지 MP 양을 생각합니다. 허무한 환영과 노래하며 춤추며 이야기하며 나중에는 두렵건대 손을 잡고 이 세상의 모든 유열을 극도로 맛보았습니다. 그러나 그것이 한낱 공상인 것을 깨달을 때에는 저도 공연히 심증이 나고 모든 것이 귀찮고 모든 것이 비관의 종자가 될 뿐이었나이다. 그리고 아아 과연 다만 일 찰나 사이라도 그 MP의 머릿속에서 나의 환영을 찾아 낸다 하면 그 얼마나 나의 행복일까 하였나이다. 그리고 그 MP는 나를 조금도 생각지 않은 것만 같아서 공연히 마음이 애달팠나이다.

그 날 R는 집에 있지 않았습니다. 저의 마음은 눈물이 날 듯이 공연히 센티멘털로 변하여졌나이다. 그래서 정처없이 방황하기로 정하고 우선 L의 집으로 가보았습니다.

제가 그 처녀와 같이 조금도 거짓 없음을 부러워하는 L은 나를 보더니 그 검은 얼굴에 반가와 죽을 듯한 웃음을 띠우고 손목을 잡아 자기 방으로 끌어들이더니 어저께도 왔었는데,

"왜 그 동안에 그렇게 오지를 않았나?"

하지요. 그래 나는 그 얼마나 고독히 지내는 그 L을 보고 이때껏 계속하여 왔던 감상이 가슴 한복판으로 모여드는 듯하더니 공연히 눈물이 날 듯…… 하지요. 그래 억지로 그것을 참고 멀거니 앉아 있었더니 그 L은 또 날더러 독창을 하라지요. 다른 때 같으면 귀가 아프다고 야단을 쳐도 자꾸자꾸 할 저이지마는 오늘은 목구멍에서 무엇이 잡아당기는지 그 목소리가 조금도 나오지를 아니하였나이다. 그래 공연히 앙탈을 하

고 일어나기를 싫어하는 그 L을 옷을 입혀 끌고 바깥으로 나갔습니다.

저녁 안개는 달빛을 가리고 붉은 전등불만이 어둠 속에 진주를 꿰뚫어 논 듯이 종로 큰거리에 나란히 켜 있을 뿐이었나이다.

두 사람이 나오기는 나왔으나 어디로 갈 곳이 없었나이다. 주머니에 돈이 없으니 하루 저녁을 유쾌히 놀 수도 없고 또 갈 만한 친구의 집도 없고 마음만 점점 더 귀찮고 쓸쓸한 생각을 하였나이다.

우리 두 사람은 결국 때없이 웃는 이의 집으로 가기로 하였나이다. 우리는 한 집에를 갔으나 우리를 기다리지 않는 그는 있지 않았나이다. 그래 하는 수 없이 설영의 집으로 가기를 정하고 천변으로 내려섰나이다. 골목 안의 전깃불은 누구를 기다리는 것같이 빙그레 웃으며 켜 있었지요. 우리는 그 집에 들어가

"설영이."

하고 불렀나이다. 안방에서 영리한 목소리로,

"누구요?"

하는 설영의 목소리가 났습니다. 우리 두 사람은,

"있구나."

하였습니다. 그리고 공연히 마음이 반가웠나이다. 그리고 설영이는 마루 끝까지 나와,

"아이구 어서 오세요. 왜 그렇게 한 번도 아니 오셔요."

하지요.

아, 누님 그 소리가 진정이거나 거짓이거나 관성으로 인하여 우연히 나온 말이거나, 아무것이거나 나는 그것을 생각하려고 하지는 않습니다. 다만 감상에 쫓기어 정처없이 방황하려는 이 불쌍한 사람에게 향하여 그의 성대를 수고롭게 하여 발하여 주는 그의 환영의 말이 얼마나 나의 피곤한 심령을 위로하여 주었을까요.

그는 날더러 '오라버니'라 하여 주기를 맹서하여 주었습니다. 그리

고 영원히 오라버니가 되어 달라 하였습니다.

누님, 과연 내가 남에게 오라버니라는 존경을 받을 만한 자격의 소유자가 될 수 있을까요. 물론 그것도 나의 원치 않는 형식입니다. 그러나 나는 그 설영을 친누이동생같이 사랑하렵니다. 그리고 영원히 영원히 나의 누이동생을 만들려 하나이다. 그리고 다만 독신인 설영이도 진정한 오라비 같은 어떠한 남성의 남매 같은 애정을 원하겠지요. 그러나 그러나 무상인 세상에 그것을 과연 허락할 참 신이 어느 곳에 계실는지요? 생각하면 안타까울 뿐이외다.

그 날 L은 설영을 공연히 못살게 놀려먹었나이다. 물론 사념없는 어린애 같은 유희지요. 그 때 L은 설영을 잡으려고 달려들었습니다. 설영은 소리를 지르며 간지러운 웃음을 웃으면서 나의 앞으로 달려들며,

"오라버니! 오라버니!"

하고 그 L을 피하였나이다. 나는 그 때 그 설영이 비록 희롱에서 나왔다 하더라도 L에게 쫓기어 나에게 구호함을 청할 때에 아아, 과연 내가 이와 같은 여성의 구호를 청함을 받을 만한 자격의 소유자일까 하였나이다. 그리고 모든 여성은 다 나를 보려고 하지도 않는 생각을 하고 혼자 이 설영이가 나에게 구호함을 청한다는 것은……. 그 설영을 끼어안을 듯이 귀여운 생각이 났나이다. 그러나 나타났다 사라지는 환영의 그림자일까? 팔팔팔 날리는 봄날의 아지랑이일까? 영원이란 무엇일는지요…….

7

날이 매우 따뜻하여졌습니다. 내일쯤 한번 가서 뵈오려 하나이다. 하오에 기다려 주십시오. 그리고 W 군은 어저께 동경으로 떠나갔다는 말을 들었습니다. 만나보지 못한 것이 매우 섭섭하외다. 그리고 S 군 Y

군도 그리로 향하여 수일 후에 떠나간다는 말을 들었습니다. 아아, 저는 외로운 몸이 홀로 이 서울에 남아 있게 되겠지요. 정다운 친구들은 모두 다 저 갈 곳으로 가버리고…….

8

왜 어저께 저는 누님에게로 갔을까요? 그 간 것이 나에게 좋은 기회이었을까요? 그렇지 않으면 좋지 못한 기회이었을까요.

어떻든 어저께 나는 처음으로 그 MP의 말을 하게 되었습니다. 그리고 가까이 서로 보고 앉아 간질간질한 시선으로 그를 보게 되었습니다. 그리고 나의 눈에서 방산하는 시선의 몇 줄기 위로 나의 쉴새없이 뛰는 영의 사자를 태워 보내었나이다.

그는 그 때 그 예배당 앞에서 나를 보고 고개를 돌리고 줄달음질하던 때와는 아주 달랐습니다. 그의 마음 속으로는 나의 전신의 귀퉁이로부터 귀퉁이까지 호의의 비평을 하였을는지 악의의 비평 — 그렇지는 않겠지? — 을 하였을는지 어떻든 부단의 관찰로 비평을 하였겠지요. 그러나 그의 눈과 안색은 아주 침착하였나이다. 그리고 그에게서 가장 아름다운 목소리는 아주 나의 마음을 취하게 할 듯이 부드럽고 연하며 은빛이 났나이다. 그리고 나의 글을 너무 칭상하는 것이 조금 나를 부끄럽게 하였으며 또는 선생님이라는 경어가 아주 나를 괴롭게 하였나이다. 누님, 만일 그가 날더러 선생이라 그러지 않고 오라비라고 하였더면? 그 찰나의 나의 모든 것은 다 절망이 되어 버렸을 터이지요. 그 선생이라는 말을 듣기 싫어하는 제가 도리어 그 선생이라는 말을 듣는 것이 행복이라는 것을 깨달을 날이 있을 줄은 이제 처음으로 알게 되었나이다.

어떻든 저는 그 MP와 만날 기회를 얻었습니다. 그리고 서로 말소리를 바꾸게 되었습니다. 아마 이것이 저와 그 MP 사이에 처음 바꾸는 말소리가 되었겠지요? 그리고 우주의 생명 중에 또다시 없는 그 어떠한 마디이었겠지요. 그러나 저는 불안을 깨닫습니다. 마음이 못 견딜 만치 불안합니다. 다만 한 번 있는 그 기회의 순간이 좋은 순간이었을까요. 기쁜 순간이었을까요. 무한한 희망과 영원한 행복을 저에게 열어 주는 그 열쇠 소리가 한 번 째각 하는 그 순간이었을까요. 그렇지 아니하면 끝없는 의혹과 오뇌 속에서 만일의 요행만 한 줄기 믿음으로 몽롱한 가운데 살아 있다 그대로 사라져 없어졌다면 도리어 행복일걸 하는 회한의 탄식을 나에게 부어 줄 그 순간이었을까요?

어찌하였든 저는 한 옆으로 요행을 꿈꾸며 한 옆으로 부질없는 낙망에 헤매이나이다.

9

오늘은 아침 아홉 시에 겨우 잠을 깨었나이다. 그것도 어제 저녁에 공연히 돌아다니느라고 늦게 잔 덕택으로 아침에 일어나지 못하는 행복을 얻었더니 그나마 행복이 되어 그리하였는지 R가 찾아와서 못살게 굴지요. 못살게 구는데 쪼들려 겨우 잠을 깨어 세수를 하였나이다.

이상한 일이었나이다. 제가 R의 집을 가기는 하여도 R가 저의 집에 찾아오는 일이 없는 그가 오늘 식전 아침에 저를 찾아온 것은 참으로 뜻밖이고 이상합니다. 그는 매우 갑갑한 모양이었나이다. 그리고 요사이 며칠 동안 그의 얼굴은 그리 좋지 못하였으며 언제든지 무슨 실망의 빛이 있었나이다. 오늘도 그는 침묵 속에 있었나이다. 그리고 먼 산만 바라보고 있었나이다. 그는 어디로 산보를 가자 하였나이다. 저는 아침도 먹지 않고 그와 함께 정처없이 나섰나이다.

우리는 전차를 타고 H와 P의 집에를 가보았으나 H는 아침먹고 막

어딘지 가고 없다 하고 P는 집에 일이 있어서 가지를 못하겠다 하지요. 그래 하는 수 없이 우리 단 두 사람이 또다시 HC를 향하여 떠났나이다.

천기는 청명, 가는 바람은 살살, 아주 좋은 봄날이었나이다. 우리는 전차에서 내렸나이다. 오포가 탕 하였나이다.

멀리멀리 흐르는 HC강은 옛적과 같이 고요히 흐르고 있었나이다. 아무 소리도 없고 아무 향기도 없고 아무 웃는 것도 없고 다만 푸른 물속에 취색의 산 그림자를 비추고 있어 다만 '아아 아름답다.' 하는 우리두 사람의 못 견디어 나오는 탄성뿐이 고요한 침묵을 가늘게 울릴 뿐이었나이다. 우리는 언덕으로 내려가 한가히 매여 있는 주인 없는 배 위에 앉아 아무 소리없이 물 위만 바라보았나이다. 푸른 물 위에는 때때 은사의 맴도는 듯한 파련이 가늘게 떨 뿐이었나이다. 그리고 사르렁 사르렁하는 은사의 풀렸다 감겼다 하는 소리가 들리는 듯하였나이다.

우리는 한참이나 앉아 있었나이다.

우리는 문득 저 쪽을 바라보았나이다. 그리고 나의 가슴은 공연히 덜렁덜렁하고 전신에 식은땀이 흐르는 듯하였나이다. 저기 저 쪽에는 그 비단결 같은 물 위에 한가히 떠 있어 물 속으로 녹아들 듯이 가만히 있는 그 요트 위에는 참으로 뜻밖이었어요. 그 MP가 어떠한 다른 동무하고 나란히 앉아 있었나이다.

그러나 그 MP는 나를 보고도 모르는 체하는지 보지 못하고 모르는 체하는지 다만 저의 볼 것 저의 들을 것만 보고 들을 뿐이었나이다.

저는 그 MP에게로 달려가고 싶었습니다. 아, 그러나 만일 그가 나를 보고도 못 본 체한다면 불과 몇 십 간 되지 않는 거기에 있는 그가 어째나를 보지 못하였을까? 못 보았을 리가 있나? 라고만 생각하는 저는 그에게로 가기가 두렵고 공연히 무엇인지 보이지 않는 무엇이 원망스러웠을 뿐이었나이다.

그런데 웬일일까요 — MP를 나 혼자만 아는 줄 아는 저는 R의 기색에 놀라지 아니치 못하였나이다.

　R는 나의 손을 잡아다니며,

　"MP가 왔네."

하였습니다. 그 소리를 듣는 저는 R가 어떻게 MP를 아는가 하였나이다. 그리고 무엇인지 번개와 같이 저의 머리를 스치고 지나가는 것이 있더니 저는 그 R에게서 무슨 공포를 깨달은 것이 있었나이다.

　R는 대담하게 MP에게로 갔습니다. 저도 그를 따라갔습니다. R은 모자를 벗고 그에게 예를 하였나이다. 아아 그러나 누님, 정성을 다하지 않고 몽롱한 의심과 적지 않은 불안으로 주는 저의 예에는 그의 입 가장자리로 불그레한 미소가 떠돌았으며 따뜻한 눈동자의 금빛 광채이었나이다. 그리고,

　"아이고 어떻게 이렇게 오셨어요?"

하는 그의 전신을 녹이는 듯한 독특한 어조가 저를 그 순간에 환희의 정화 속으로 스며들게 하였나이다.

　우리 두 사람은 그를 작별하고 바로 시내로 들어왔나이다. 웬일인지 저의 마음은 한없이 기뻤나이다. 그리고 전신의 혈액은 더욱더 펄펄 끓기를 시작하였나이다. 그러나 R의 얼굴은 그전보다 더 비애롭고 실망의 빛이 떠돌았나이다. 쓸쓸한 미소와 쓸쓸한 어조가 도는, 저의 동정의 마음을 일으킬 만치 처참한 듯하였나이다. 저는 R에게,

　"어떻게 MP를 알든가?"

하였습니다. 그는 무슨 옛날의 환상을 보는 듯한 표정으로,

　"그전부터 알어."

하였나이다. 이 소리를 듣는 저는 그러면 이성 사이에 만나면 생기는 사랑의 가락이 그 MP와 이 R 사이에 매여지지나 아니하였나 하고 여태껏 기꺼웁던 것이 점점 무슨 실망의 감상으로 변하여 버리었나이다. 그리고 차차 의혹 속에 방황하게 되었나이다.

그리하다가도 그 R의 실망하는 빛과 MP의 냉담한 답례가 저에게 눈물날 만치 R를 동정하는 생각을 나게 하면서도 또 한 옆으로는 무슨 승자의 자랑을 마음 한 귀퉁이에서 만족히 여기었으며 불행한 R를 옆에 세우고 다행히 환희를 맛보았습니다.

그 날 저는 R의 집에서 자기로 정하였나이다. 밤 열한 시가 지나도록 별로 서로 말을 한 일이 없는 R와 두 사람 사이에는 공연히 마음이 괴로운 간격을 깨닫게 되었나이다. 그리고 그의 푸른 비애와 회색 실망의 빛이 그의 얼굴로 가끔가끔 농후하게 지나갈 때마다 저는 공연히 불안하였나이다. 저는 R에게 그 기색이 좋지 못한 이유를 묻기를 두려워하였나이다. 그리고 만일 그 비애의 빛과 실망의 빛이 그 MP로 인한 것이 아니고 다른 것으로 인한 것이라 하면 저는 그 때 그 R의 그 비애와 실망과 또 같은 비애 실망을 맛보았을 것이지요?

그러나 저는 형제와 같은 그 R의 비애 실망을 그 MP로 인하여서라고 인정하지를 아니하면 저의 마음이 불안하여 못 견딜 정도였습니다.

그 날 저녁 R는 자리에 누워서도 한잠을 자지 못하는 모양이었나이다. 다만 눈만 멀뚱멀뚱하고 천장만 바라보고 있었나이다. 그리고 머리를 짚고 눈을 감고 무엇인지 명상하듯이 가만히 있었을 뿐이었나이다. 그의 엷은 눈썹은 가늘게 떨리고 있었습니다.

저도 웬일인지 잠이 오지 않았습니다. 그래 머리맡 서가에 놓여 있는 〈On the Eve〉를 집어들고 한참이나 보다가 잠이 깜빡 들었나이다.

10

저는 어리석은 사람이 되어 버리었나이다. 꿈을 믿고 길에서 장님을 만나면 두 다리에 풀이 다하도록 실망을 하게 되었나이다.

그리고 꽃의 화판을 '하나 둘' 하며 'MP가 나를 사랑하느냐 사랑하지 않느냐?' 하며 차례차례 따보게 되었습니다. 그리고 만일 '사랑한다' 하는 곳에서 맨 나중 꽃잎사귀가 떨어지면 성공한 것처럼 춤을 출 듯이 만족하였으며 그렇지 않고 사랑하지 않는다는 곳에 와서 그 맨 나중 꽃잎사귀가 떨어지면 공연히 낙망하는 생각이 나며 비로소 그 헛된 것을 조소합니다. 그러나 어느 틈에 또다시 그 꽃잎사귀를 따보고 싶어 못 견디게 되나이다. 저는 요행을 바라는 동시에 말할 수 없는 미신자가 되었습니다. 오늘은 제가 누님을 만나뵈러 가지 않으려 하였으나 W군이 Piece를 찾아 달라 하여서 누님에게로 갔었습니다.

누님이 나오기를 기다리고 있는 동안에 나는 다만 침착하고 고요한 마음으로 정문 앞 플랫폼*을 왔다갔다 하였나이다. 그러다가 문 열리는 소리가 나더니 나오는 사람은 누님이 아니고 그 MP였습니다. MP는 나를 보더니 쌩긋 웃으며 고개를 숙여 예를 하여 주었나이다. 그리고 그곳에 서 있었나이다. 그 뒤를 따라나온 이가 누님이었지요.

저의 마음은 이상하게 기뻤나이다. 그리고 아주 무슨 희망을 얻은 듯하였나이다. 길거리로 걸어다니면서도 혹시나 MP를 만나 인사를 주고받을 만한 순간의 기회를 기대하는 저는 누님에게로 갈 때마다 그 MP를 만날 수가 있을까 하는 기대를 가지고 다니었나이다. 오늘도 그 기대를 조금일지라도 아니 가지고 간 것이 아니었건마는 그 MP가 있지 않을 줄 안 저는 아주 단념을 하고 갔었습니다. 그래 그 MP를 만난 것은 아주 의외이었지요. 누님, 그 MP가 무엇하러 누님보다도 먼저 저를 보러 나왔을까요. 어린 아우를 만나려는 누님의 마음이었을까요. 반가운 정인을 만나려는 애인의 마음이었을까요. 무엇이었을까요?

그는 저와 오랫동안 말을 하였나이다. 그리고 동청이 푸른 잔디 사이를 누님과 저 세 사람이 산보하였지요? 저희가 그 좁은 길로 지나올 때

---

\* 플랫폼(platform)  역이나 정거장의 승강장.

저는 그 MP에게,

"R를 어떻게 아셨든가요?"

하고 물어 보았습니다. 그 MP는 조금 얼굴이 불그레한 중에도 미소를 띠우며,

"네 그전에 한두어 번 만나 본 일이 있었어요."

하고 대답을 하였지요. 그 소리를 듣는 저는 곧,

"R는 참 좋은 사람이야요."

하였지요. 그러니까 그 MP는 곧 다른 말로 옮기어 버렸나이다.

그렇게 한 지 십 분쯤 되어 누님과 우리 두 사람은 무슨 조용히 할 말이나 있는 것처럼 주저주저 하였나이다. 그러니까 그 MP는 곧 영리하게 그것을 알아차리고 안으로 들어가 버렸지요.

아아 그 때 저의 마음은 아주 섭섭하였습니다. 우리가 우리의 필요한 이야기를 하지 못한다더라도 그 MP는 떠나기가 싫었나이다. 그러나 그의 검은 치맛자락의 그림자는 보이지 않게 사라져 버리었나이다. 그때 누님은 절더러 이야기를 하여 주었지요. 그 MP를 R가 사랑하려다가 그 MP가 배척을 하였다는 것을 —— 그리고 그 MP가 저의 그 누님이 도적하여 간 원고를 보고 도외의 찬상을 하더라는 것과, 그러나 그가 한 가지 불만으로 생각하는 것은 신앙이 적더라는 것을. 저는 누님과 작별을 하고 문 밖으로 나오며 뛰어갈 듯이 걸음을 속히 하여 걸어가며,

'내가 행복한 자냐 불행한 자냐?'

하고 혼자 소리를 질러 보았습니다. 그러다가는 그 신앙이 적다고 하는 데 대하여는 적지않은 불쾌와 또 한 옆으로는 희미한 실망을 깨달았습니다.

그래 집에 돌아와 아랫목에 누워서 여러 가지로 그 MP와 저 사이를 무지갯빛 나는 아름답고 거룩한 것으로만 얽어 놓아 보다가도 그 신앙이란 말을 생각하고는 곧 의혹 속에 헤매었나이다. 그러다가는 그의 집

에서 본 〈On the Eve〉를 읽던 것이 생각되며 그 여주인공 에레나의 일기가 생각났습니다.

그의 애인 인사로프와 그의 아버지가 그와 결혼시키려는 크로나도스키를 비교하여 인사로프에게는 신앙이 있을지라도 크로나도스키에게는 신앙이 없었다. 자기를 믿는 것만으로는 신앙이 있다고 말할 수 없으니까……. 누님, 저는 이 글을 볼 때 공연히 실망하였습니다. 에레나는 신앙 있는 사람을 사랑하였습니다. 그리고 신앙 없는 사람을 사랑치 않았습니다. 그러면 MP도 언제든지 신앙 있는 사람을 사랑할 터이지요. 그러면 MP가 저에게 신앙이 없다고 한 말은 저를 동생이나 친우로 여길는지는 알 수 없으나 애인으로 생각지는 못하겠다는 것이지요.

누님, 그러면 저는 실망할까요. 낙담할까요. 신앙이란 무엇일까요. 물론 누구에게든지 신앙이 없는 사람은 없습니다. 누구는 예수를 믿고 석가를 믿고 우상을 믿고 여러 가지를 믿습니다.

그리고 또 자기를 믿는 사람이 있기도 합니다. 그리고 누님, 저도 무엇인지 신앙하는 것이 있겠지요? 신앙이 없는 사람이 이 세상에서 생명을 가지고 살아 있다는 것은 거짓말이니까 —— 누구든지 각각 자기가 신앙하는 것이 있기 때문에 이 세상에 살아 있으니까 저도 또한 이 세상에 살아 있는 사람이라 어떠한 신앙이든지 가지고 있겠지요.

저 어떠한 종교를 어리석게 믿는 사람들은 각각 자기의 신앙만이 참 신앙으로 생각합니다. 그리고 남의 신앙을 조소합니다. 그러나 한 번 더 크게 눈을 뜨고 고개를 돌리어 사면을 둘러보는 자는 각각 이것과 저것을 대조할 수가 있을 것이지요. 그리고 각각 장처와 결점을 찾아낼 수가 있을 것이지요. 이불을 뒤집어쓰고는 물론 그 이불 속뿐이 세상인 줄 알 터이지요. 그리고 그 속에만 참진리가 있는 줄 알 터이지요. 그러하나 그 이불 속만이 세상이 아니고 그 속에만 진리가 있는 것이 아닌 줄 아나 그 이불을 벗어 버린 자는 그 이불 쓴 사람을 불쌍히 여기었을 터이지요. 그러면 이 세상에는 그 이불을 벗은 사람이 여럿이 있었습니다. 그리하여 그 이불을 뒤집어쓴 사람들을 아주 불쌍히 여기었습니다.

그러면 저도 그 이불을 벗은 사람의 하나가 되려 합니다. 다만 어떠한 이름 아래서든지 그 온 우주에 가득 차서 영원부터 영원까지 변치 않는 진리를 믿는 사람이 되려 하나이다. 그리하고 다만 그것을 구할 뿐이요, 그것을 체험하려 할 뿐이외다.

물론 사람은 약한 것이지요. 심신이 다 강하지는 못하지요. 제가 어떠한 때 본의 아닌 일을 할 때가 있다 하더라도 그것은 다만 약한 까닭이겠지요. 그리고 그것을 깨닫는 때는 그것을 고치겠지요. 그리고 누님 한 가지 끊어 말하여 둘 것은 〈Quo Vadis〉에 있는 비니키우스와 같이 리기아의 신앙과 같은 신앙으로 인하여서 저도 그 비니키우스는 되지 않겠지요. 아아 그러나 누님, 제가 어찌하여 이와 같은 말을 쓸까요. 사랑보다 더 큰 신앙이 이 세상에 또 어디 있을까요. 자기의 생명까지 희생하는 것은 사랑이 있을 뿐이지요. 사람이 사랑으로 나고 사랑으로 죽고 사랑으로 살기만 하면 그 사람의 생은 참생이 되겠지요. 그러하다 저희는 사랑을 생각할 때마다 마음이 두근거립니다. 처음 이성에게 사랑을 구하는 자가 누가 주저하지 않는 자가 있고 누가 가슴이 떨리지 않는 자가 있을까요? 그러면 사랑이란 죄악일까요? 죄지은 자와 똑같은 떨림과 불안을 깨닫는 것은 어찌함일까요.

그렇습니다. 우리 인생에게는 두 가지 큰 문제가 있습니다. 그것은 열정과 이지입니다. 이 세상의 역사는 이 두 가지의 싸움입니다. 그리고 모든 불행의 근원은 이 열정과 이지가 서로 용납하지 않는 곳에 있는 것입니다.

그리운 이성을 보고 자기 마음을 피력치 못하고 혼자 의심하고 오뇌하는 것도 이 이지로 인함이지요. 저는 어떻게 하면 이 이지를 몰각한 열정만의 인물이 되려 하나, 그 이지를 몰각한 열정의 인물이 되겠다는 것까지도 이지의 사주지요. 저도 또한 그렇게 되려 하나이다.

오늘 저는 또다시 R의 집에를 갔었나이다. 그 R는 있지 않았습니다. 그러나 얼마 있지 않으면 곧 들어오리라는 그 집 사람의 말을 듣고 저는 그의 방에서 기다리게 되었나이다. 그러나 R가 저와 형제같이 친하지가 않으면 그와 같이 주인 없는 방 안에 들어가 앉아 있지를 못하였을 터이지요. 그래 그와 친하다 하는 무엇이 저를 그의 방으로 들어가게 하였습니다.

저는 그의 방에 들어가 그의 책상 앞에 앉았나이다. 그 때 문득 저의 눈에 보이는 것은 그가 써서 놓은 편지였나이다. 그리고 그 편지 피봉에는 MP라 씌어 있었습니다. 저의 마음은 공연히 시기하는 마음이 나며 또한 그 편지를 기어이 보고 싶은 생각이 났었습니다. 마침 다행한 것은 그 편지를 봉하지 않은 것이었나이다.

저는 그것을 보았습니다. 그 속에는 이러한 말이 쓰여 있었습니다.

DH는 미숙한 문사요, 그리고 일개 Bourgeois*에 지나지 못하는 사람이오.

라고.

아아 누님, 저는 손이 떨리었나이다. 그리고 그 편지를 다시 그 자리에 놓고 그대로 바깥으로 뛰어나왔습니다. 그리고 길거리로 걸어오며 눈물이 날 만치 모든 것이 원망스럽고 또 한 옆으로는 분한 생각이 나서 못 견디었나이다.

그리고 사랑하는 R가 그와 같은 말을 써 보낼 줄 참으로 알지 못하였나이다. 누님 그렇지요. 저는 글 쓰는 데 미숙하겠지요. 저는 거기에 조

---

* Bourgeois(부르주아)  중세 유럽 도시에서, 중산 계급의 시민. 근대 사회에서, 자본가 계급에 속하는 사람.

금이라도 이의를 말하려 하지 않나이다. 그러나 그 말을 무엇하러 MP 에게 한 것일까요.

아아 누님, 저는 일개 참사람이 되려 할 뿐이외다.

저는 문학가, 문사라는 칭호를 원치 않아요. 다만 참사람이 되기 위하여 글을 봅니다. 그리고 느끼는 바를 견딜 수 없었습니다. 그리고 나와 같은 느낌과 깨달음이 우리 인생을 위하여 조금이라도 보탬이 될까 하였습니다. 그러나 저 일개인의 성공은 얻기가 어려울 터이지요. 제가 느끼고 깨닫는 것은 길고 긴 우주의 생명과 함께 많고 많은 사람들이 깨닫는 것에 다만 몇 천만억 분의 일이 될락말락할 터이지요. 그리고 그 저의 생명이 그치는 날에는 그것보다 조금 더하여질 뿐이지요. 그리고 그것보다 더 큰 무엇을 원할지라도 유한한 저의 육체와 정신은 그것을 용서치 않을 터이지요.

그러면 제가 Bourgeois나 Proletariat*나 무엇 어떠한 부름을 듣든지 언제든지 참사람이 되려 할 뿐이외다.

아마 이 세상의 모든 진리를 혼자 깨달을 줄 아는 사람일지라도 이 참사람이 되려는 데서 더 벗어나지는 못하였을 터이지요.

그러나 저는 오늘부터 친애하는 친우 하나를 잃어버리게 되었나이다. 아무리 아무리 제가 너그러운 마음으로써 그 전과 같이 R를 대하려 하나 그는 나를 모함한 자이지요. 어찌 그전과 같은 정의를 계속할 수가 있을까요. 그러나 저의 마음은 괴롭습니다. 그리고 그 KC를 가면서 저에게 형제와 같이 지내자던 것을 생각하고 또는 그 동안 지내 오던 정분을 생각하고 그것이 다만 한순간에 깨어지는 것을 생각할 때 저의 마음은 아주 안타까웠나이다. 그러다가도 그 R의 손을 잡고 기꺼워하고 싶었습니다.

---

* Proletariat(프롤레타리아) 자본주의 사회에서 생산 수단을 갖지 않고 자기 노동력을 자본가에 팔아 생활하는 노동자. 임금 노동자.

집에서 나올 때 동생 L이 울며 쫓아나오면서,

"형님 형님 나하고 가."

하며 부르짖었나이다. 그리고 두 팔을 벌리고 저를 바라보고 있었습니다. 그러나 발이 떨어지지 않지만 하는 수 없이 어머니에게 L을 맡기고 또다시 R를 찾아갔나이다. 어제 저녁 늦도록 잠을 자지 못한 저는 오늘 또다시 새벽에 일찍 일어났으므로 몸이 조금 피곤하였나이다. 저는 R의 집으로 가면서 몇 번이나 가지 않으리라 하여 보았습니다. 날마다 가는 R의 집에 일 주일이나 가지 않은 저는 오늘도 또 가볼 마음이 그

리 많지는 않았습니다. R를 생각하면 할수록 분하고 답답한 저는 언제든지 그 마음을 누르려 하였으나 그리 속마음이 편치는 못하였습니다.

제가 R의 집에 들어갈 때에는 아주 마음이 유쾌치 못하였습니다. R는 저를 보고 힘없이 저의 손을 잡고 인사를 하여 주었습니다. 그리고

"어서 오게."

하는 소리가 아주 반갑지 못하였습니다. 저는 그 R를 보기 전에는 반갑게 인사를 하리라 한 것이 지금 그를 만나 보니까 공연히 그와 함께 있는 것이 싫은 생각이 나서 그대로 바깥으로 나오고 싶었습니다.

저는 그대로 서서,

"여러 날 만나지 못하여서 조금 보고나 갈까 하고……."

하며 그를 쳐다보았습니다. 그는 다만 고개를 끄덕하며,

"응……."

할 뿐이었나이다. 저는 갑자기 뛰어나오고 싶었습니다. 그래,

"내일 또 봅시다."

하고 그대로 뛰어나왔습니다. 그 R는 아무 말도 없이 자기 방으로 들어가 버렸습니다. 아아, 누님, 우리 두 사람 사이는 어째 이리 멀어졌을까요? 무슨 간격이 생겼을까요? 그리고 무슨 줄이 끊어졌을까요? 저는 그것을 알 수가 없습니다. 제가 종로를 걸어올 때였습니다. 저 쪽에서 뜻밖에 그 MP가 걸어왔습니다. 그 때 저는 그 MP와 만나 인사를 하리라 하였습니다. 그러나 그 MP는 어떠한 양복 입은 이와 함께 저를 보았는지 저의 곁으로 그대로 지나가 버렸나이다. 저는 다만 지나가는 그만 바라보고 있다가 손을 단단히 쥐고, '에 고만두어라.' 하였습니다.

저는 말할 수 없는 번뇌 가운데

'에, 설영에게나 가리라.'

하였나이다. 그리고 천변으로 그의 집을 찾아갔습니다. 그 때 저의 마음에도

'설영이가 있지 않으리라.'
는 생각은 없이 으레 만나려니 하였나이다. 그러나 설영을 부르는 저의
목소리에 그 영리하고 귀여운 우리 누이동생의 목소리는 나지 않고 그
의 어머니가
　"없소."
하고 냉대하듯 보통 손님과 같이 대답을 하였습니다. 그 소리를 듣는
저는 공연히 섭섭한 생각이 나며 또는 설영이가 저를 한낱 지나가는 손
처럼 생각하는 듯하고 또한 어떠한 정인이나 찾아가지 않았나 할 때 오
라비 노릇을 하려는 저도 공연히 질투스러운 마음이 나며,
　'다 그만두어라.'
하는 생각이 나고 공연히 감상의 마음이 났습니다. 저는 그대로 집으로
갔습니다. 집 문간에서 놀던 L은 반기어 맞으면서 두 팔을 벌리고 저에
게 턱 안기며 몸을 비비 꼬고 그의 가는 손으로 간지럽고 차디차게 저
의 뺨을 문질러 주었나이다. 그 때 저는 모든 감상의 감정은 가슴 한복
판으로 모아드는 듯하더니 눈물이 날 듯하였나이다. 그 때 그 L은,
　"형님 임마!"
하였나이다. 그래 저는 그에게 입을 맞추려 하니까 그는 무엇이 만족치
못한지,
　"아니 아니 귀 붙잡고."
하며 그의 손으로 저의 두 귀를 붙잡고 입을 맞추어 주려다가 또다시,
　"형님도 내 귀 붙잡어."
하였나이다. 저는 그 L의 귀를 붙잡고 입을 맞추었나이다. 그러나 그
때 L은 저를 쳐다보며,
　"형님 우네."
하였나이다. 아아 누님, 저의 눈에는 눈물이 나왔습니다. 그리고 L을
껴안고 울고 싶었습니다.

# 청춘

1

안동*이다. 태백의 영산이 고개를 흔들고 꼬리를 쳐 굼실굼실 기어 내리다가 머리를 쳐들은 영남산이 푸른 하늘 바깥에 떨어진 듯하고, 동으로는 일월산이 이리 기고 저리 뒤쳐 무협산에 공중을 바라보는 곳에 허공 중천이 끊긴 듯한데, 남에는 동대의 줄기 갈라산이 펴다 남은 병풍을 드리운 듯하다.

유유히 흐르는 물이 동에서 남으로 남에서 동으로 구부렸다 펼쳤다 영남과 무협을 반 가름 하여 흐르니 낙동강 웃물이요, 주왕산 검은 바위를 귀찮다는 듯이 뒤흔들며 갈라 앞을 스쳐 낙동강과 합수치니 남강

---

\* **안동**(安東)  경상 북도 북동부에 있는 시. 농업 · 축산업이 활발하여 안동 포로 유명하다.

안동 하회탈

이다.

옛말을 할 듯한 입 없는 영호루는 기름을 흘리는 듯한 정적 고요한 공기를 꿰뚫어 구름 바깥에 솟아 있어 낙강이 돌고 남강이 뻗치는 곳에 푸른 비단 같은 물줄기를 허리에 감았으니, 늙은 창녀의 기름때 묻은 창백한 얼굴같이 옛날의 그윽한 핑크색 정사를 눈물 흐르는 추회의 웃음으로 듣는 듯할 뿐이다.

서쪽으로 고개를 돌리자, 태화산 중록에 말없이 앉아 있는 서악 옛절 처마 끝에는 채색 아지랑이 바람에 나풀대고 옥동 한절(큰절) 쓸쓸히 빈 집에는 휘이 한 바람이 한문을 스치는데 녹슬은 종소리가 목쉬었다.

노래에 부르기를 성주의 본향이 어디메냐고 읍에서 서북으로 시오 리를 가면 바람에 불리고 비에 씻긴 미륵 하나가 연자원 옛 터전을 지킬 뿐이다.

낙양촌의 꿈같은 오계의 울음소리 강물을 건너 귓속에 사라지고, 새파란 밭 둔덕에 나어린 새악시의 끓는 가슴 타는 마음을 짜내고 빨아내는 피리 소리는 어느 밭 두덩에서 들리는지 마는지.

벽공을 바라보니 노고지리 종달종달 머리를 돌이키니 행화·도화 다 피었다. 할미꽃 금잔디 위에 고달피 잠들고, 청메뚜기 콧소리 맞춰 춤춘다.

일요일이다. 오늘도 여전히 꽃 피고 나비 춤추는 파랗게 개인 날이다. 석죽색 공중이 자는 듯이 개이고 향내 옮기는 봄바람이 사람의 품 속으로 숨바꼭질한다. 버들개지에는 단물이 오르고 수놈을 찾고 암놈을 찾아 날개를 쳐 푸르륵 날고 목을 늘여 길게 우는 새들은 잦아지는 봄꿈에 취하여 나뭇가지에서 몸부림한다.

반구 귀래의 두 정자를 멀리 바라보는 곳에 낙동강 푸른 물이 햇볕에 춤을 추며 귀에 들리는 듯이 고요한 저 쪽 모래톱에는 사공이 조은다.

신세동에서 빙그르 서남으로 돌아가는 제방 위에는 머리를 모자에 가리고 웃옷을 한 팔에 걸은 방년 이십의 소년은 얼굴이 향내가 나는 듯이 불그레하게 타오르고, 두 눈은 수정알 박은 듯이 영롱한데, 머리는 흑단같이 검고 눈썹은 붓으로 그린 듯하고 두 입 가장자리는 일수 조각장이가 망칠까 마음을 졸여 새긴 듯이 못 견디게 어여쁘다.

그는 영호루 편을 향하여 걸어갔다. 걸음걸음이 젊은이의 생기가 뛰고 허리를 휘청 고개를 까댁, 흐르다 넘치는 끓는 핏결이 그의 핏속에서 춤춘다.

그는 버들개지를 꺾어 입 모퉁이를 한 옆으로 찡그리며 한 손에 힘 주어 그것을 틀었다. 그리고 주머니에서 칼을 꺼내어 피리를 내었다. 그러나 그는 그것이 만족치 못한 듯이 길 옆에 내던지고 또다시 댓 걸음 앞으로 가다가 다시 버들개지를 찢어 내버렸다. 그리고는 그것을 아래위 툭 잘라 꺾어 던지고 다시 비틀어 입으로 잡아빼었다. 그러나 공교히 옹이의 마디가 쭉 훑는 바람에 애써 비튼 버들을 반가름하여 놓았다.

그 소년은 잠깐 눈을 밉상스럽게 찡그리고 한참 그것을 바라보더니 휙 집어 풀 위에 던져 버리고 얄상궂게 싱긋 웃으면서,

—— 빌어먹을 것 괜히 애만 썼네.

하고 또다시 버드나무를 쳐다보았다.

이번에는 기름하고 휘청휘청하는 놈을 길게 찢었다. 그리고는 풀 위에 주저앉았다. 마음 유쾌한 잔디가 앉아 있는 몸을 시원하게 하고 마음 어루만지는 듯이 편안하게 한다.

그는 피리를 내었다. 칼을 대고 가지를 돌려 아래위 쓸데없는 것을 베어 버리고 정성을 다하고 마음을 졸여 살며시 빼낸 것이 버들피리다. 그는 그 끝을 둘째손가락 위에 대고 칼날을 세워 혀를 내려고 살짝 겉꺼풀만 벗겼다. 그리고 또다시 저쪽편 혀를 내려 하다가 그는 갑자기 '에쿠' 하고 칼 들은 손으로 그 둘째손가락을 꼭 쥐었다. 그리고 한참 있더니 그 손가락을 입에다 넣고 호호 불었다. 내려는 피리는 그의 겨

드랑이에 끼여 있었다.

손가락에서는 진홍빛 붉은 피가 솟아올랐다. 그러나 그 소년의 주머니에는 종이도 없고 수건도 없었다. 양복 입은 그에게 피나는 손가락을 동여맬 만한 옷고름이나마 없었다.

쓰리고 아픔을 견디다 못하여 상을 찌푸리고 사람의 집을 찾아간다는 곳이 영호루 높은 집 옆으로 돌아 초가라 삼 간을 해정히 짓고서 오는 이 가는 이에게 한 잔 술 한 그릇 밥을 팔아가면서 그날 그날을 지내가는 주막집이었다.

"물 주소."

꽉 닥치는 감발한 장돌뱅이,

"그런둥 그런둥, 허허허."

큰웃음 웃는 촌양반이 밥을 먹고서 막 일어서 들메인 미투리를 두어 번 구르고,

"야, 주인 아즈먼네이 또 만납시다이."

'응.' 하는 군소리에 뭉치인 인사를 던지고 언제 보아도 그저 그대로 말 한마디 없는 영호루만 쳐다보고서 무슨 감구지회가 그의 마음을 쓰다듬는지 반 얼빠진 사람처럼 한참 있다가 어디론지 가버린다.

주막집은 잠깐 조용하였다. 부엌 구석에 졸던 누른 개 한 마리가 앞발을 버티고 기지개를 켜고 긴 혀를 내밀어 콧등을 두어 번 핥더니 그대로 푸르륵 털고 나온다.

그 소년은 그 주막집 마루 끝까지 들어서며,

"여보, 주인."

하고 주인을 찾았다. 뒤꼍에서 손을 씻었는지 치맛자락에 물 묻은 것을 훔치며 나오는 사오십 가까운 중년의 노파가 양복쟁이가 이상한 듯이 슬며시 내다보며,

"왜 그러십니까?"

하며 그 소년을 바라보았다.

　그 소년은 온순한 어조로,

　"그런 게 아니라요, 내가 손을 다쳤는데 처맬 것을 좀 얻으려 하는데 요."

하며 손가락을 내보였다. 손가락 끝에는 누른빛 도는 혈장이 엉키어 붙었다. 그 노파는 끔찍하게 여기는 듯이 얼핏 달려들며,

　"에그, 그거 안되었십니다그려."

하고 한참이나 들여다보더니,

　"가만히 계시소."

하고서 마루 위로 올라가려 하였다.

　그 때 어떠한 처녀가 물동이를 머리에 이고 그 마당 한가운데로 들어섰다. 발은 벗었으나 살빛은 검노른데 바짓가랑이 밑으로 보일둥 말둥 하는 종아리는 계란빛같이 매끈하고, 행주치마를 반허리에 감았으니 내다보느냐 숨어드느냐 몽실 매끈한 겉가슴이 사람의 마음을 무질러 녹이는 듯하다. 고개는 잘 마른 인삼 같으며 가늘지도 않고 굵지도 않고 매끈 동실한데 귀밑의 섬사한 솜머리털이 보는 이의 눈을 실눈 감듯이 가무삼삼하게 한다. 두 뺨에는 연홍빛 혈조가 밀려올랐고 쌍꺼풀졌는지 말았는지 반쯤 부끄러움을 머금은 두 눈에는 길다 하면 길고 알맞다 하면 알맞을 검은 속눈썹이 쏟아져 나오는 신비스러운 안채를 체질하듯이 깜박한다. 코는 가증하게도 오똑 갸름하고 청춘의 끓는 피 찍어 묻혔느냐 그의 입술은 조금만 힘주어 다물지라도 을크러져 터질 듯이 얇게도 붉다. 흑단 같은 검은 머리에 다홍댕기 드리지나 말지 이리 휘휘 저리 설기 들다 남은 머리가 반쯤 곁귀 위에 떨어졌는데, 머리에 인 물동이에서 진주나 보석을 흘리는 듯이 대굴 따르륵 구르는 물방울은 소매 걷은 분홍 저고리에 남이 알면 남편 생각 간절하여 혼자 울은 눈물 흔적이라 반웃음 섞어 놀려먹을 만치 어룽지게 할 뿐이다.

그 처녀는 허리를 구부리고 물동이를 내려 정지간 물독 속에 물을 부었다. 그리고 머리에 얹었던 또아리를 다시 바른손 네 손가락에 휘휘 감았다.

이것을 본 그 소년의 손가락 상처는 깨끗하게 나은 듯이 쓰림도 모르고 아픔도 몰랐다. 다만 몽환의 낙원에서 소요하듯이 아무 때도 없고 흠도 없는 정결의 나라에 들었을 뿐이었다. 환락에 차고 찬 그의 두 눈에서는 다만 칠야의 명성을 끼어안으려는 유원한 애회와 이 꽃잎의 이슬을 집으려는 청정한 애욕의 꽃잎에 명주실 같은 가는 줄이 그 처녀의 머리서부터 발끝까지 고치 엮듯 하였다. 그리고 그의 심장은 나어린 그 처녀를 지근거려보는 듯이 부끄러움과 타오르는 뜨거운 정염이 얼기설기한 두려움으로 소리가 들리도록 뛰었다.

노파는 방에서 나왔다. 마루를 내려 그 처녀를 보더니,

"양순아, 반지그릇은 어쨌는?"

하고서 화가 나서 몰아세우는 듯이 묻는다.

"왜 방 안에 없어요, 왜 그러세요?"

하면서 방 안으로 들어가는 양순의 은실 같은 목소리가 구슬이 튀는 듯한 발걸음과 함께 그 소년의 신경의 끝과 끝을 차디찬 얼음으로 비비는 듯도 하고 따가운 젓가락으로 집어내는 듯도 하였다.

방에 들어간 양순은,

"이것 아니고 무어세요?"

하며 승리자의 만족한 웃음을 웃는 듯이 자기 어머니를 바라보았다. 그러다가는 비로소 처음으로 마당에 그 소년이 서 있는 것을 보았다. 그는 누가 치맛자락을 잡아당기는 듯이 멈칫하고 섰다. 그러다가는 앵둣빛 같은 웃음을 웃으며 누가 간지르는 듯이 정지로 뛰어들어갈 때에는 그 처녀 육체의 바깥에 나타나지 않는 모든 부분 샅샅이 익지 못한 청춘의 푸른 부끄러움이 숨어들었다.

노파는 헝겊을 가지러 마루에 던져 놓은 반짇고리로 가까이 갔다. 그러나 거기에는 쓸 만한 오라기가 하나도 없었다.

　"이것 어떻게 하는?"

하고 주저주저할 때,

　"무엇을 어떻게 해요? 왜 그러세요?"

하고 부끄러움을 삼켰는지 점잖고 얌전하게 얼굴빛을 가라앉힌 양순이는 다시 나왔다. 뒤적뒤적 가위 소리를 덜컥거리며 반짇고리를 뒤지는 노파는,

　"저기 서신 저 양반이 손을 다치셨는데 싸매 드릴 것이 없구나."

하니까 양순은 다시 고개를 돌이켜 그 소년을 쳐다보더니 다시,

　"응, 잠깐만 기다리세요?"

하고 다시 방 안으로 들어가 똘똘 뭉친 조각보 보퉁이를 들고 나오더니 이리 끄르고 저리 헤쳐 한 카락 자주 헝겊을 꺼내어 오니, 그것은 작년 섣달 설빔으로 새 댕기를 접을 때에 끊고 남은 조각이다.

　"여기 있어요."

하고서 자기의 헝겊을 그 젊은 소년이 그의 손에 감는 것이 그다지 기뻤던지 서슴기는 그만두고 간원하듯 내주었다.

　소년은 그것을 받았다. 그 헝겊이 그리 곱지는 못하였으나 자기의 손을 감을 때 봄바람같이 부드러우며 노곤한 햇볕같이 따뜻하였다. 피가 몰려 흥분된 손가락은 마음 시원하도록 차지근하였다.

　이리 감고 저리 동이기는 하였으나 한 손으로 맬 수는 없었다. 그래서 그 끝은 입에 물고 한 끝은 바른손에 쥐고서 거북하게 매려 할 때 양순은 이것을 바라보더니 가엾이 여기는 듯이,

　"제가 매드릴까요?"

하고 두 손을 들어 그 소년의 윤기 있는 손가락을 매어 주었다. 그리고 그 소년이 고맙다고 인사를 하려 할 때 녹는 듯한 반웃음을 살짝 웃고

서 아무 소리 없이 싹 돌아섰다.

2

그 소년은 의성군 출생으로 대구상업학교를 작년에 마친 유일복이라는 사람이다. 학교를 마치자 대구은행 안동지점 계산과에 근무하게 되어 오늘까지 계속해 온 것이다.

그는 그 주막집에서 집으로 향하여 돌아오려다가 또다시 영호루에 올라갔다. 고개를 돌리면 이름만 가진 영가 구읍의 쇠잔한 자취가 한가히 족재하고 내다보면 자기의 그리운 고향으로 통한 구름살 같은 넓은 길이 낙동강의 허리를 잘라 남으로 통하였다.

그윽한 감구의 회포가 그의 마음을 수연하게 물들이는 동시에 아까 본 그 처녀의 달콤한 웃음이 애연한 인상을 박아준 듯하다. 아무것도 없는 자기 주위가 무엇이 있어 못살게 구는 듯하고 가득 찼던 자기 마음이 이지러진 반달같이 한 귀퉁이가 비었다가 또다시 동그란 보름달처럼 가득 찼다 하는 것 같았다. 그의 마음 한 귀퉁이가 비는 듯할 때에는 뜻 모르는 눈물이 흐르려 하고 그의 가슴이 찰 때에는 넘쳐 흐르는 기쁨이 그를 몹시도 즐겁게 하였다.

그가 머리를 쳐들어 하늘을 바라볼 때에는 끝없이 퍼진 하늘이 자기의 모든 장래를 말하는 것같이 길어 보였으며, 그가 고개를 숙여 땅을 내려다볼 때에는 발 밑에 살살 기어다니는 개미보다 저 자신이 별로 커 보이지는 않았다.

그는 오늘에 비로소 그전에 맛보지 못하던 비애를 맛보았으며 예전에 당해 보지 못하던 기쁨을 당하였다.

그는 웬일인지 자기의 몸뚱이를 돌고 또 도는 뜨거운 피가 약동하는 그대로 자기의 육체의 모든 관능을 모래사장에 비비고 싶도록 발휘하여 보고도 싶고, 촉루의 곰팡내 흐르는 암굴에서 이 세상 모든 것을 눈 딱 감아 버리고 요절한 정의 육향에 취하여 그대로 사라지고도 싶었다.

'나는 이제 집으로 돌아가야지?' 혼자 군소리를 하기는 십여 차나 하였으나 발에다 송진을 이겨붙이지도 않았을 것이요, 몸에다 동아줄을 얽어 놓지도 않았으나 초가 삼간 작은 집, 보이지 않는 그 방 안에 혼자 앉아 바늘을 옮기는 그 처녀의 흔적 없이 잡아낚는 이성의 매력이 그를 잡아놓았다.

그는 하는 수 없이 또다시 영호루에서 내려왔다. 그리고도 다시 한 번 그 집 뒤를 일부러 돌았다. 행여나 그 처녀가 다시 한 번 눈에 띄었으면! 다시 한 번 나를 바라나 보았으면!

그러나 그 처녀의 숨소리나마 들리지 않았다. 다만 괴괴 정적한 마을 집에 저녁 연기가 자욱할 뿐이었다.

그는 가기 싫은 다리를 힘없이 끌어 서문 밖 법상동 자기 여관을 찾아들어온다.

한 걸음 떼어 놓으니 한 걸음이 멀어지고 두 걸음 떼어 놓으니 두 발자국 떠나온다. 뒤를 돌아다보나 살금살금 기어오는 저녁 그늘이 벌써 그 집을 싸돌아 보이지 않으며 실모래 깔린 길이 그리로 연했으나 자기 맘 전해 줄 것은 하나도 없다.

그가 자기 은행 옆에 왔을 때였다. 누구인지,

"어데 가쇼?"

하는 이가 있었다. 일복은 다만 망연히 그를 바라보다가,

"네, 집에 갑니다."

하였다.

"어데 갔다 오십니까?"

"영호루에 바람 좀 쏘이러 갔다옵니다."

"혼자요?"

"네, 혼자요."

"그런데 우리 집에 한 번 놀러 오시지요."

"참 간다 간다 하고 못 가 뵈어서 죄송합니다."

"별말씀을 다 하십니다. 한번 놀러 오십쇼."

"네, 이따 저녁 후에 가겠습니다."

"그러세요. 그러면 기다리지요."

그는 삼십이 가까운 그 고을 보통학교 교원인 이동진이었다.

일복은 자기 사관에 돌아와 남폿불을 켜놓고 저녁 예배를 보러 가리라 하고 성경과 찬송가를 찾아 놓고 저녁상 들어오기를 기다렸다.

남폿불이 때없이 팔락팔락할 때에 그 속에서 꼼지락거리는 것도 그 처녀이었으며 귀 쪽 귀퉁이 어두컴컴한 곳에서 춤추는 듯하는 것도 그 처녀의 환영이었다. 그가 그 옆의 책을 집어 글을 볼 때 그 글자와 글자를 쫓아 내려가는 것도 처녀의 어여쁜 자태이었으며, 그가 편지를 쓰려고 붓을 들어 한 줄 두 줄 써내려가는 것도 그 처녀의 그림자뿐이었다.

그가 저녁을 먹을 때였다. 편지 한 장을 주인 노파가 갖다 준다. 그것은 자기의 친구에게서 온 것이었다.


사랑하는 유군!

오래도록 군의 음신을 얻어 듣지 못하여 나의 외로운 생애가 더욱 적막하다. 나는 웬일인지 아직 나어린 군에게 이 편지가 쓰고 싶어 못 견딜 만치 쓰고 싶었다. 그래서 종작이 없고 두찬의 흠이 있을는지 모르지만 쓰고 싶어 쓰는 것이니까 거기에 진실이 있을 줄은 믿는 바이다.

군은 이 세속에 무엇이라 부르짖는 수많은 대명사의 껍질을 씀보다도 먼저 사람이 되기를 나는 바란다. 예술가가 됨보다도 학자가 됨보다도 무엇보다도 먼저 사람이 되어야 할 것이다.

우리 인생이 최고 이상을 향하여 부단의 노력을 하고 있다 하면 그 최고 이상이라 하는 것은 참사람일 것이다.

그러면 그 참사람이 되려면! 되지는 못하더라도 되려고 노력이라도 하려면 거기에는 그 무슨 힘이 있어야 할 것이다. 그 힘을 창조하는 그 무슨 신앙이 있어야 할 것이다.

유군이여! 나는 달구다 내버린 무쇳덩이다. 나는 참쇠가 못된다. 참으로 쇠의 사명을 완전히 하는 참쇠다운 쇠가 되려면 그것을 불에 달구어 메로 때려야 할 것이다. 장도리 쇠메가 제아무리 많을지라도 그 쇠를 완전히 연단할 수 없는 것과 같이 우리 사람을 아무리 이성적으로 교육하고 훈어하고 지도할지라도 가슴 속에서 활활 붙는 사랑의 불길로 녹을 만치 달궈 내지 않으면 참사람이 못 될 것이다.

사랑의 불길! 아아 유군! 나의 가장 친애하는 유군! 나의 동생 같은 유군! 나를 신임하여 주는 유군!

쇠가 불 속에 들어간다 함은 무엇을 이름인가? 철광에서 깨어 낸 차디찬 광철이 도가니에 들어간다 함은 무엇을 이름인가? 거기에 참으로 쇠된 본분을 완전히 하려는 근본 정신의 발휘할 기회를 얻는 것이 아닌가? 그러나 그 광철은 쪼들림을 당할 터이다. 귀찮음을 맛볼 것이다.

인간 사회에 무근한 연쇄를 이룬 우리 인생도 정의 불길에 들어가 이성의 망치로 두드려 맞아 참으로 사람이 되려는 그 고통은 어떠하며 그 가슴아픔은 어떠할까? 자기의 영육을 정의 불길에 녹이고 달굴 때, 또는 이성의 망치로 두드릴 때 사붓사붓 박히는 망치의 흔적이 그의 가슴을 쓰리게 할 때 아아 눈물지으며 한숨 쉴 터이다. 어떠한 때에는 해돋는 월계빛 하늘 같은 장래를 바라보고 너무 기쁜 눈물의 웃음을 웃을 것이며 그 어떠한 때에는 해지는 석조에 빠져 가는 저녁 해 같은 낙망의 심연에서도 헤맬 터이다.

유군이여! 만일 그대가 처음으로 이성을 동경하게 되거든 그가 웃을 때 군도 군 모르게 웃을 것이며 그가 눈물질 때 군도 군 모르게 울 것이다. 그 때의 그대는 지순할 것이며 지정할 것이다. 조화가 무르녹는 진주 같은 문자를 주루룩 꿰어 놓은 일편의 시였을 것이다. 아니다, 아무 시인도 그것을 시로 표현하기 곤란할 만치 청정무구 지순 지성이었을 것이다.

만일 그대가 그 찰나를 얻었거든, 그 순간을 얻었거든 그것을 연장하여라. 그것을 무한히 연장하기에 노력하라.

나는 옛날에 그것을 얻었었으나 그것을 연장하지 못한 까닭에 무쇳덩이가 되어 버렸다. 군에게는 희망이 있다. 그대가 만일 그 찰나를 연장시키려 노력하다가 반 발의 반 발을 연장시켰을 때 그것이 끊기려 하거든 그것을 놓지 말고 붙잡고 사라져라. 감정과 이성의 조화 일치가 참사람 되는 데 유일한 궤도라 하면 감정의 모든 것인 사랑의 연장이 끊어지려 할 때 그 이성 혼자만 남는다 하면 그것은 궤도를 벗어난 유량일 것이니 그대는 참사람이 못될 것이라. 최고 이상에 이르지 못하는 자여, 인생의 사명을 이루지 못할 사람일 것이다. 그러므로 그대는 반 발의 반 발만큼 참사람 되는 것이 마땅하다. 그래서 그대는 참사람으로 사라지는 것이 도리어 인생의 근본적 정신에 부끄러움이 없을 것이다.

사랑하는 유군! 나는 나중으로 군이 사랑에 눈뜨거든 먼저 사랑을 얻으라! 하는 것이다. 사랑을 위하여 너의 이성을 수고롭게 하라! 그리하여 그 사랑을 얻은 그 후에 군에게 생의 광명을 얻을 수 있는 것이며 절대의 세력을 부여하는 신앙이 생길 것이다.

김우일
유일복의 것

편지를 다 본 그의 마음은 바늘 끝으로 찌르는 듯하기도 하고 또는 치륜과 치수가 절조있게 맞아나가는 것과 같이 그의 편지에 써 있는 글의 의미와 정신이 자기 가슴 속에서 혼자 휴지하였던 무슨 치륜과 서로 나가 맞아 돌아가기를 시작하는 듯하였다.

그리고 어떠한 사물을 만나던지 반드시 자기 가슴에서 새로이 약동하는 그 처녀의 춤추는 듯하는 모양을 끌어내어 그것과 조화를 시키려고만 하는 그에게 자기의 가장 경모하는 김우일의 편지를 볼 때 끓는 물로 밀가루를 반죽하는 것과 같이 차지고 끈기있게 그 처녀와 또는 자기와 그 편지의 정신을 혼일할 수가 있었다.

그는 그 편지를 보고 가장 큰 힘을 얻었다. 그리고 그전보다 더 그 편지를 요 경우 그 시기에 보내준 그 김우일을 신뢰할 생각이 생겼으며 절대의 애착하는 마음이 그를 잡아당기었다.

그리고는 다시 그 편지를 펼쳐들고,

—— 만일 그대가 처음으로 이성을 동경하게 되거든 그가 웃을 때 군도 군 모르게 웃을 것이며 그가 눈물질 때 군도 군 모르게 울 것이다…….

하고 다시 한 번 읽어 보았다. 그리고는,

'그대가 만일 그 찰나를 얻었거든, 그 순간을 얻었거든 그것을 연장하여라. 그것을 무한히 연장하기에 노력하여라.'

하고 다시 읽었다.

'그렇다. 나는 웃었다. 그 처녀가 웃을 때 나도모르게 나는 웃었지! 그렇다. 나는 얻었다. 그 찰나를 얻었다. 나는 그것을 연장할 터이다. 연장하려고 노력할 것이다.'

그렇게 부르짖고는 주먹으로 상을 한 번 치고 벌떡 일어서 무엇을 얻은 듯이 한번 웃었다.

'그렇다. 나는 그 찰나를 연장할 터이다.'

구두를 신으면서도 중얼거렸다. 대문을 나서 큰길로 걸어가면서,

―― 나는 웃었다. 그가 웃을 때 나도 나모르게 웃었다……. 나는 얻었다. 그 찰나를 얻었다. 그것을 무한히 연장할 터이다. 노력할 터이다.

3

그가 법상동 예배당에 들어갈 때에는 그전에 한 번도 당해 보지 못하던 갑갑함을 당하였으며 지루함을 당하였다.

휘황찬란하여 보이는 커다란 남폿불이나 웅얼거리는 신남신녀의 소리가 어쩐 일인지 눈에 먼지가 들어간 것같이 뻣뻣하고 거북하였으며 목구멍이 알싸한 것같이 가슴이 답답하였다.

그는 그 자리에 앉아 찬송가를 시작하였을 때 아무 선율도 맞지 않고 조화도 되지 않는 그 얼룩진 노랫소리일지라도 영호루 옆 그 주막집에 조그마한 처녀와 자기의 얼크러지는 행복을 찬양하는 것 같았으며 또한 저 쪽 중공(中空)에 계신 듯한 하느님이 엄연한 얼굴에 인자한 웃음으로 그것을 재롱삼아 들어 주시는 듯할 때 그는 기뻤다. 그리고 찬송가를 그치는 것이 섭섭하였다.

성경을 보고 연금을 하는 것도 그 조그마한 처녀와 자기 사이를 몽환적으로 얽어 놓는 사이에서 습관적으로 하였다.

목사는 사십 전후의 장년이었으나 몸은 그리 크지도 않고 작지도 않은데 머리에는 벌써 흰 머리털이 군데군데 나 있었다.

그가 연단에 올라서 목사들의 약속 있는 듯한 구조로 자기의 정력을 다하고 지략을 다하여 여러 교도에게 최상의 위치에 서서 하느님의 말씀을 전할 때 그의 말 중에 한 귀절이라도 일복의 귀를 끄는 것은 없었다.

목사는,

"여러분, 여러분이 사랑이 없으면 하느님의 나라에 들어가지 못할 것

이올시다. 여러분은 하느님을 사랑할 것이올시다. 여러분이 여러분의 목숨을 아끼고 사랑하는 것과 같이 하느님 아버지를 사랑하여야 할 것이올시다."

하고 소리를 지르더니 또다시,

"여러분은 또다시 여러 형제를 사랑하고 동포를 사랑하여야 할 것이올시다. 요한 1서 제3장 14절을 보면, 우리가 형제를 사랑함으로써 이미 죽음을 벗어나 삶으로 들어감을 벌써 알았도다. 형제를 사랑치 않는 자는 죽음 가운데 있는 자로다, 라고 써 있습니다. 그렇습니다. 사랑을 모르는 자와 사랑하지 않는 자는 죽은 사람이올시다."

할 때 일복은 목사를 향하여 눈을 크게 떴다.

── 사랑을 모르는 자와 사랑하지 않는 자는 죽은 사람이올시다.

이것을 속으로 한번 짚어 외어볼 때 자기 속 혼자말로,

── 그러면 나는 지금 살려 한다. 죽음에서 삶으로 나아가려 한다. 그렇다. 무한한 생의 광휘가 나의 눈앞에서 번쩍인다. 나는 죽음에서 일어나 삶에서 눈뜨려 한다.

그리고는 또 목사가,

"하느님은 사랑이오."

할 때 일복은 또다시,

── '그렇다. 나는 사랑을 사랑하여야 할 것이다. 사랑을 사랑하는 자가 즉 하느님을 사랑하는 것이니까.'

하고 또다시,

나는 사랑을 사랑하련다. 나는 사랑을 사랑하련다.

하고서는,

── '그렇다. 나는 그 찰나를 얻었다. 그 순간을 얻었다. 그 순간에 죽음에서 삶으로 사랑을 사랑하려 잠 깨인 자이다.' 하였다.

그가 기도를 할 때에는 사랑은 하느님께 하였다 함보다도 그 처녀의

환상 앞에 고개 숙였었다. 별들이 찬란한 꽃잎을 뿌린 듯하게 반짝이는 푸른 하늘을 눈 감은 속에서 바라보며 절대의 제일 위에 올려놓은 것도 그 처녀이었으며, 구름 가고 달 밝은 그 청공에 여신과 같이 우러러보기도 그 처녀뿐이었을 것이다. 도리어 자기 마음 속에 그려놓은 로맨틱한 환상을 목사의 기도 올리는 소리가 흠 없는 옥돌에 군데군데 흠지게 하는 종의 소리같이 울렸을는지도 알 수 없었을 것이다.

그가 기도를 그치고 예배당 문 밖을 나섰을 때에는 또다시,

'나는 찰나를! 나는 얻었다. 그것을 연장할 터이다. 나는 사랑한다. 나는 죽음에서 삶으로 나온 자이다.'

하며 예배당 뜰을 지나 아까 저녁때 약속한 이동진의 집으로 가려 할 때 누구인지,

"일복 씨! 어디 가세요."

하는 고운 여자의 목소리가 들렸다. 일복은 고개를 돌렸다. 그 여자는 미소를 띠고 일복을 향하여 고개를 숙이고 섰다. 일복은 그 여자를 볼 때, 그 여자가 웃을 때,

"네, 어디 좀 가요."

하고서는 도리어 속으로 귀찮은 생각이 났으며 노하는 생각이 났다.

"저 좀 보세요."

"급한 일이 있어서 가야 하겠는데요."

"저의 말을 좀 듣고 가세요."

"아뇨, 바빠요."

"일복 씨는 저를 생각하여 주지 않으세요?"

"무엇을 생각하지 않아요?"

일복은 생각하였다. 그는 참으로 생각지 않았다. 또한 생각해지지 않는다. 생각할 수가 없었다.

"네, 저는 그 말씀을 모르겠습니다."

하고 아무 말 없이 큰길로 나서면서 혼자말로 우리 부모가 그를 보고 웃었으며 그의 부모가 나를 보고 좋아하였으나 나는 그 여자가 웃을 때 나 모르게 나는 웃지 못했다. 나는 그 찰나를 그 여자에게서 얻지 못하였다. 나는 도리어 그 여자가 나를 보고 웃을 때 나는 성내었었다. 나는 불안하였으며 살에 붙는 거머리같이 근지럽게 싫었었다. 그렇다. 나는 하느님을 사랑한다. 즉 사랑을 사랑한다. 내가 그 여자의 말을 듣지 않은 것도 죄악은 아니지. 나는 하느님을 사랑하는 자이니까!

이동진의 사랑 들창을 두드리기는 아홉 시나 되었을 때였다.

"어서 들어오쇼."

하는 주인의 말을 따라 방에 들어앉은 일복의 입에서는 첫인사가 끝났다.

이동진은 담배를 권하니,

"어디 먹을 줄 압니까?"

하고 그것을 사퇴한 후 옆에 있는 책을 집어 보려 할 때,

"그 손은 왜 처매셨나요?"

하며 가엾은 듯이 들여다본다. 일복은 어린애처럼 웃으며,

"그런 게 아니라 장난을 하다가 베었어요."

"무슨 장난을요?"

"아까 영호루에 갔다가 피린가 무엇인가 좀 내느라고 하다가 다쳤어요."

"하하, 그것 참 취미 있는 상처입니다그려."

"그나 그뿐인가요. 어여쁜 여성이 그 상처를 매어 주었으니 더욱 시적이지요."

"네에, 그래요."

"그나 또 그뿐인가요. 그 여성의 부드러운 웃음이 저의 마음까지 동여맸는걸요."

"하하, 그것 참 그럴 듯합니다. 그런데 그 여자란 누군가요?"

"왜 영호루 밑에 주막집 있지 않습니까?"

"네, 있지요. 가만 있거라(한참 생각하다가) 옳지, 엄영록의 집 말씀입니다그려."

"그 집이 엄영록의 집인가요?"

"네, 그렇지요. 그의 누이동생 말입니다그려. 아주 유명합니다. 경북의 제일가는 미인이라는 소문이 있는 여자지요. 그런데 그 여자가 그 손을 매어드렸어요?"

"네."

이야기는 한참 중절되었다가,

"그런데 엄영록이를 아십니까?"

"알지요."

"친하세요?"

"그전부터 집에를 다니니까 장날이면 꼭 들러가지요."

"그러세요!"


4


집에 돌아와 하룻밤을 새고 은행 일을 마친 그 이튿날 저녁때, 일복은 또다시 영호루를 향하여 갔다. 멀리 보는 공민왕의 어필현액이 그를 맞이하는 듯이 바라보며 있을 때 그전에 그리 반갑지 않던 영호루가 오늘에는 웬일인지 없지 못할 것같이 반가웁고 그리웁다. 그러나 그 처녀를 생각할 때에는 반드시 영호루가 연상되고, 영호루를 생각할 때에는 반드시 그 처녀가 생각이 된다.

양복 주머니에서 그 처녀가 준 자주 헝겊을 꺼내어 보며,

—— 이것을 갖다 주어? 가서 다시 한 번 만나 봐? 그렇다! 가보는 핑곗거리는 단단히 된다.

해는 바야흐로 서산을 넘으려 하고 저녁 연기는 온 읍내를 덮기 시작한다.

일복이 그 주막집 앞을 다다랐을 때 그는 또다시 주저하였다. 만일 내가 이것을 돌려보낼 때 그 처녀가 있어서 나를 또 보고 웃으면 모르거니와 있지 않으면 어떻게 하노? 그렇기는 고사하고 보고도 웃지 않으면 어찌하나? 웃지도 않으려면 있지 않는 게 좋고 없으려면 내가 가지 않는 것이 좋지!

그는 바로 들어가지를 않고 일부러 영호루를 돌았다. 그리고 영호루 주춧돌 틈으로 그 집을 엿보았다.

그 때였다. 또다시 어저께와 같이 그 처녀는 물동이를 이고 물길러 갔다. 넘어질까 겁하여 두 눈을 아래로 깔고 물길러 갔다. 걸음걸음이 향 자취를 땅 위에 인박고, 발끝발끝마다 꽃그림자를 그리는 양순은 텅 빈 물동이에 사랑의 샘물을 가득 채우려는 듯이 물길러 갔다. 쓰지 않은 새 그릇 같은 양순의 가슴 속에 새로운 사랑의 씨를 담아 주려는 일복이 뒤에 있음을 알았는지 몰랐는지! 그는 아무 소리없이 물만 길러 갔다.

일복은 그 뒤를 따라갔다. 좁은 비탈길을 지나고 언덕 아래 길을 거쳐 밭이랑을 꿰뚫고 언덕 모퉁이 하나를 돌아 포플러 그늘이 슬며시 걸친 우물에 왔다.

우물에 허리를 굽혀 물을 뜨는 양순은 뒤에 누가 있는지도 알지 못하고 다만 두레박을 물 속에 텀벙 담가 이리 한 번 저리 한 번 잦혀누일 뿐이었다.

저녁 그늘진 곳에 수분 섞인 공기가 죄는 일복의 마음을 더욱 으스스하게 한다. 그리고 점점 어두워 가는 저녁날에 아무도 없이 다만 나뭇가지 속에서 쌕쌕 하는 고요한 곳에 단둘이 서 있는 것이 어째 그의 마음을 정욕으로 가늘게 떨리게 한다.

양순이 물동이를 들고 일어서려 할 때이다. 일복은,

"에헴."

하고 기침을 하였다. 양순은 소스라치게 놀라며 뒤를 돌아다보았다. 그러고 그 서 있는 사람이 일복임을 알고서 겨우 안심하는 중에도

"나는 누구라구. 왜 사람을 놀라게 하느냐."

하며 반가워하는 가운데 얄밉게 토라지는 듯이 반쯤 웃었다. 일복은 다만,

"이것 가지고 왔는데."

하고 그 헝겊을 꺼내 놓았다. 그 처녀는 그것 한 번 들여다보고 또 일복의 얼굴을 다시 한 번 쳐다보았다. 그러고서는 그것을 받으려 하지도 않고 물끄러미 서 있었다.

"자, 받어요."

하고 그 헝겊을 그 처녀의 손에 쥐어 주는 일복의 얼굴은 빨개졌다.

그리고 몸이 떨리었다. 아무 소리없이 그것을 받아들은 양순은 웬일인지 섭섭한 기색을 띠고 서 있다가 아무 소리없이 물동이를 이었다. 그리고 구름이 발에 걸치는 듯이 느럭느럭 힘없이 걸어갔다.

일복은 다만,

"내일도 또 저녁때 물긷지?"

하였다. 그러니까 그 처녀는,

"네."

할 뿐이었다.

두 사람이 다시 언덕 모퉁이를 돌아섰을 때에는 일복은 언덕 위에 올라서서 멀리 그 처녀가 자기 집으로 물동이 이고서 돌아가는 것을 바라볼 뿐이었다.

양순은 물을 독에 부어 놓고 누가 쫓아오는 듯이 방으로 뛰어들어갔다. 그리고는 방구석에 돌아앉아 훌쩍훌쩍 울면서 손에 든 헝겊을 단단히 쥐었다.

"그이가 왜 이 헝겊을 도루 주었노?"
할 때 눈물방울은 삿자리 위에 떨어졌다.
"그이가 이 헝겊을 싫어하는 것인 게지?"
할 때 그는 고개를 숙이고 다시 느껴 울었다. 그리고 또다시 고개를 들고 먼산을 볼 때,
"내가 준 헝겊을 도루 줄 때에는 나를 보기 싫어 그리한 것인 게지?"
하고서는 또다시 눈물방울이 따르륵 두 뺨에 굴렀다.
"그럴 줄 알았더면 애당초 주지를 말걸!"
양순은 웬일인지 울음이 복받쳐올라오고 어두운 방구석이 마음 죄게 답답하다. 그러다가는,
"나는 내일은 물길러 가지 않을 터이야."
하고 그 헝겊을 갈갈이 찢어 창 밖에 내버렸다.

## 5

그 이튿날 저녁에는 또다시 일복이 그 우물가에 갔다. 나무와 풀과 그 우물에 놓여 있는 돌멩이까지 어제 같으나 그 아리따운 처녀는 보이지 않았다.
해가 지고 날이 어둑어둑하여도 양순은 오지 않았다. 눈썹달이 서편 하늘에 기울어져 한적한 옛 읍을 반웃음쳐 흘겨보며 서산으로 들려 할 때 사랑을 도적하려는 어여쁜 도적놈은 지금 사랑하는 사람을 기다리고 있다. 바람이 쏴아 해도 그가 오는가? 나무 끝이 사르륵 하여도 그가 오는가? 오는지 안 오는지! 오려거든 온다 하고 오지 않으려거든 오지 않는다 하지 오는지 안 오는지 알지 못해 속태우는 마음 미친 소년이 있는 줄은 누가 있어서 알아줄는지!
달이 어뒀으매 정조 도적맞을까 보아 오지를 않을 터이요, 오지 않으

면 외로이 기다리는 나이 젊은 사람의 붉은 피를 바지작바지작 태우는 구나.

그러나 제가 아니 오지는 못하느니라. 물동이 머리에 얹고 누가 있을까 마음 졸여 황망히 오는 사람은 분명히 그 처년데 날이 어두워 그 얼굴은 모르겠으나 그 윤곽은 분명히 양순이요, 그 걸음걸음이 분명히 그 처녀다.

양순은 우물까지 와서 사면을 한번 둘러보았다. 그리고는 물 한 두레박 뜨고 뒤를 돌아보고서는 가느다란 목소리를 입 속에 굴려,

"오지 않았나?"

하는 소리를 할 때 나무 뒤에 숨어 있는 일복의 가슴은 부질없이 뛰었다. 그리고 양순이가 물을 떠놓고 한참이나 서 있다가 긴 한숨을 쉴 때 일복은 슬며시 그의 등 뒤에 나서서,

"이것 좀 봐!"

하고 나직막하게 부를 때 그 처녀는 두 어깨가 달싹 하도록 깜짝 놀라며 뒤를 돌아다보았다. 일복은 다시,

"양순!"

하고 서서 정 뭉친 두 눈으로 흘겨보며 다시,

"양순!"

하였다. 양순은 다만 돌아선 채로 아무 소리가 없이 손가락에 옷고름만 배배 감고 있었다.

"오늘은 어째 물을 늦게 길러 왔어? 여태까지 기다리고 있었는 데……"

양순은 한번 허리를 틀더니 할 듯 할 듯하고 그대로 서 있다.

"나는 네가 보고 싶어서 여기 와 기다렸는데 너는 아마 그렇지 않지? 나는 너를 날마다 여기서 만나보았으면 좋겠어!"

"저두요."

하는 양순은 부끄러워 그랬던지 얼굴이 빨개지며 두 손으로 낯을 가리었다.

"정말?"

하고 묻는 말에 양순은 아무 대답이 없다.

"정말야? 응, 정말야? 대답을 해야지."

양순은 물동이를 이려고 허리를 구부리며 부끄러워 웃음지며,

"네."

하고서는 그대로 동이를 이고 가버리려 하니까, 들려는 물동이를 일복은 붙잡으며,

"내일 또 오지?"

"네."

"내 또 와서 기다릴께."

양순은 집에 돌아왔다. 어머니는,

"무엇 하느라고 여태까지 있었는데?"

하며, 들어오는 양순을 흘겨본다.

"두레박이 우물에 빠져 건지느라고 그랬어요."

한 마디 말로 의심을 풀었다. 물을 부어 놓고 방으로 뛰어들어가 양순은 얼른 뒷창문을 열고 어저께 저녁에 갈갈이 찢어버린 그 헝겊을 다시 차곡차곡 모아다가 다시 손에 쥐어들고,

"내가 잘못 알고 그랬지! 내가 모르고 그랬지! 이것이 그이의 손가락을 처매었던 것인데!"

하고서는 그대로 그것을 똘똘 뭉쳐 반짇고리에 넣어 놓았다.

6

대구은행 안동지점 지배인의 집 대문 소리가 열두 시나 거의 지나 닭

이 홰를 치며 울 때 고요한 밤의 한적을 깨뜨리고 나더니 지배인의 딸 정희가 혼자 몸으로 어디인지 지향하여 간다.

밤이 점점 고요하고 달은 밝아 흐르는 빛이 허리 감겨 땅에 끌리는 듯한데 무슨 생각을 하는지 달빛같이 창백한 빛이 얼굴에 돌며 걸음을 천천히 걷는 중에도 주저하는 꼴이다. 그는 혼자말로,

'나는 왜 이다지도 불행한고?'

하더니 수건으로 눈물을 씻는지 콧물 마시는 소리가 난다.

정희가 일복의 집 문간에 와서 문을 열어 달랄까 말까? 그러나 내가 이렇게 하는 것이 잘못이나 아닐까? 아무리 정혼한 남자일지라도 밤중에 남몰래 찾아오는 것이 여자의 일은 아니지, 하며 주저주저하고 서 있다가 문틈으로 집 안 동정을 살펴보니 일복의 방에는 여태까지 불이 켜 있다.

'여태까지 주무시지를 않는 모양일세!'

'어떻게 할까? 문을 열어 달랠까 말까! 이왕 왔으니 할 말이나 다 하고 가지.'

정희는 대문을 밀어 보았다. 단단히 닫혀 있을 줄 알았던 대문이 힘 없이 삐걱 하고 날 때 정희의 온몸엔 맥이 풀리는 듯하였다. 주저하던 생각은 어디로 가고 인제는 아니 들어갈 수 없구나 하여지며 공연히 가슴이 두근두근한다.

정희는 마당으로 들어서며,

"일복 씨."

하고 가늘은 가운데에도 애연한 어조로 일복을 불렀다. 한 번 부르나 말소리가 없고 두 번 부르나 대답이 없다.

정희는 이렇게 정성껏 부르는데 대답이나마 하여 주지 하고 야속한 생각이 나며 공연히 눈물이 핑 돈다. 그리고서 저 방 안에는 그이가 누 워 있으렷다. 누워서 잠이 고단히 들었으렷다. 내가 여기 와서 있는지

도 알지 못하고 자렷다. 아니다, 온 줄을 알려고도 하지 않으렷다.

아니다! 그렇지 않지! 그이는 지금 자지를 않는다. 눈을 뜨고서 영호루를 생각한다. 내가 온 줄 알면서도 일부러 못 들은 체하는 것인 게지? 아아 무정한 이여.

정희는 다시 허리를 구부리고 일복의 방 문틈으로 들여다보면서 이번에 한번만 다시 불러 보아서 대답이 없거든 그대로 가버리리라 하였다.

"일복 씨!"

하면서 문틈을 들여다보니까 방 안에는 아무도 없었다. 그러면서 언뜻 마루 끝을 보니까 미처 생각지도 못하였던 구두가 없다.

정희의 마음은 냉수로 씻은 듯이 말짱하여지고 또는 깨끗하여졌다. 그리고 웬일인지 또다시 조그마한 나머지 믿음이 있는 듯하였다.

—— 어디를 가셨을까?

—— 주인에게 물어나 볼까?

그러나 고단히 자는 주인에게 물어 보기는 싫었거니와 또한 젊은 여자가 밤중에 남자를 찾아온 것도 남에게 알리기 싫어서,

'내일 또 오지.'

하고서 문 밖으로 그대로 내려갔다.

그가 큰길에 나섰을 때였다. 저 쪽에서 일복이가 이 쪽을 향하여 온다. 그는 몸을 감출까 하고 주춤하였다. 그러다가는 이왕 보려던 이를 보고 가는 것이 옳다고 생각하고 그가 자기 곁으로 가까이 오기만 기다리고 서 있었다.

무슨 생각을 하는지 고개를 숙이고 오는 일복이 정희 앞에 탁 당도하였을 때에 정희는 한 걸음 나서면서,

"일복 씨!"

하였다. 의외의 여자의 목소리가 자기를 부르므로 일복은 깜짝 놀라 발을 멈칫하고 서서,

"누구요?"

하였다. 정희는 원망스러운 중에도 부끄러운 생각이 나서 고개를 숙이고 아무 말 없이 서 있다가 가까스로,

"저예요."

하였다.

"이게 웬일이십니까?"

"댁에까지 갔다 오는 길예요."

"집에요?"

"네."

"무엇 하러요, 낮도 아니고 밤에."

"……."

기막힌 듯이 한참 서 있던 일복은,

"어떻든 댁에까지 바래다드리지요."

이 말을 들은 정희는,

"아녀요. 오늘 일복 씨에게 꼭 한 마디 말씀을 할 것이 있어요."

"저에게요?"

"녜, 꼭 한 마디요."

"오늘은 늦었으니 내일 만나 말씀하시지요."

"아녀요. 오늘 못 만나뵈이면 또다시 만나뵈일 날이 없어요."

"그것은 어째서요."

정희는 무엇을 결심한 듯이,

"어떻든 댁까지 같이 가세요."

두 사람은 아무 말도 없이 일복의 집까지 걸어갔다.

서산으로 넘는 달이 원한을 머금은 계집의 혼령같이 눈 흘겨 서창을 들여다보며, 흐드러지게 비웃음 웃는 앞뜰의 나뭇가지가 선들선들한 바람을 풍지 틈으로 들여보낼 때, 정희는 두 다리를 쪼그리고 일복 앞

에 고개를 숙이고 앉아 있더니 나오지 않는 목소리로,

　"일복 씨!"

하고 불렀다. 안개같이 뽑아나오는 목소리를 애원의 구슬로 매디매디 장식한 듯이 끊어질 듯 끊어질 듯한 목소리가 방 안에 이상하게 긴장한 정조를 바느질하는 듯하다.

　등불만 바라보고 있던 일복은,

　"네."

하고 고개를 돌려 정희를 보매 정희는 두 눈을 아래로 깔고 앉아,

　"일복 씨는 저를 어떻게 생각하세요?"

　"무엇을 어떻게 생각해요?"

　"저는 일복 씨의 아내인 것을 알아 주세요?"

　일복은 한참 있다가,

　"아내요? 저는 아직 아내가 없는 사람입니다."

　정희는 당신의 대답이 으례 그러시리라는 듯이,

　"일복 씨는 저를 아내로 생각지 않으신다 하더라도 부모가 장차 아내가 되게 정하셨으니까 저는 일복 씨의 아내지요."

　일복은 이 소리를 듣고서 코웃음 웃는 듯이 반쯤 입을 삐죽 하더니,

　"사랑 없는 아내는 아내가 아니지요."

　"그러시면 저를 사랑하지 않는다는 말씀이지요?"

　"모르겠습니다. 아마 그렇지요."

　치마폭을 다시 휩싸고 앉는 정희는 고개를 숙이더니 다시 눈물 섞인 목소리로,

　'일복 씨!' 를 부르며,

　"알았습니다. 저는 아무도 원망하지 않습니다. 일복 씨의 사랑을 얻지 못하게 태어난 저만 불행하지요. 그러나 저는 부모의 작정대로 그것을 억지로 이행하려고 아내로 생각해 달라는 것도 아닙니다. 그렇

지요. 사랑이 없는 아내는 없으니까요. 법률상의 아내나 인습에 젖은 그 형식의 아내를 저는 원하는 것이 아녀요. 저에게는 온 우주가 없을지라도 일복 씨 하나는 잃을 수 없어요. 만유가 있음도 자아가 있은 연후의 일입니다. 저는 일복 씨가 없으면 자아까지 잃을 것입니다."

"일복 씨!"

다시 부르나 대답이 없다.

"여보세요."

또 아무 말도 없다.

"일복 씨, 저는 일복 씨를 사랑합니다. 저의 진정을 일복 씨는 알아주지 못하시겠어요?"

"저는 마음 약한 사람이 되기를 원치 않아요. 저는 제가 마음 약한 자인 것 압니다. 그러므로 언제든지 마음이 굳은 자가 되기를 노력합니다. 저의 마음 여자의 애원을 들을 때마다 불쌍함을 깨달었을지라도 사랑을 깨달은 일은 없었어요. 연민은 사랑이 아니겠지요. 정희 씨가 참으로 나를 사랑하여 주신다 하더라도 나에게는 아무 행복과 불행이 간섭되지 않습니다. 도리어 어떤 경우에는 나의 마음을 귀찮게 할 때가 있습니다."

정희는 그 자리에 엎드러지며,

"일복 씨!"

하고 느껴 울면서,

"그러시면 한 가지 원이나 들어 주세요."

새벽 닭의 우는 소리가 먼 동리 닭의 홰에서 꿈속 같이 들려온다. 달은 떨어져 방 안은 어둠침침한데 두 사람의 숨소리에 섞인 정희의 느껴 우는 소리가 온 방 안을 채울 뿐이다.

"저에게 원하실 것이 무엇일까요?"

일복은 보기 싫고 귀찮은 듯이 말을 던졌다.

"네, 꼭 한 가지 원할 것이 있어요."

"말씀하세요."

"저를 다만 한 마디 말씀으로라도 아내라고 인정만 해 주세요. 그러면 저는 다른 원은 아무것도 없어요."

일복은 허리를 펴고 팔짱을 끼고 고쳐 앉더니,

"에에"

하고 무엇을 생각하는 듯이 한참 있다가,

"네, 알겠습니다. 그러나 어떠한 이성이 어떠한 이성을 혼자 사랑하는 것은 그것은 누구에게든지 자유겠지요마는 남편 없는 아내나 아내 없는 남편은 없겠지요. 비록 있다 하면 그것은 진리에서 벗어났거나 결함 있는 것이겠지요. 또는 형식이나 허위겠지요. 나는 거기에 대답할 수 없습니다."

정희의 다만 터럭만한 것이나마 희망은 칼날 같은 일복의 혀끝으로 떨어지는 말 한 마디에 다 끊어졌다.

때가 이미 늦었는지라 정희라는 여성은 자기가 결심한 맨 마지막 길을 아니 밟을 수가 없었다. 그는 벌떡 일어서며,

"안녕히 계세요. 저는 갑니다. 저는 또다시 일복 씨를 뵈올 때가 아마 없겠지요."

하고서 마루 끝을 내려서 신을 신고 문 밖으로 나왔다.

나어린 정희의 갈 곳이 어디메냐? 달 같은 정희의 마음은 월식하는 그 밤처럼 무엇이 삼킨 듯이 있는지 없는지 어둠침울하고 작열하는 백금선과 같이 뜨거운 혈조는 다만 그의 가슴을 중심하여 전신을 태울 뿐이다. 정희의 전신을 꿀꺽 집어삼키는 듯이 아찔아슬한 비분이 때없이 온몸으로 쌀쌀 흐를 때 그는 몸서리를 치며 그대로 땅에 거꾸러지고 싶었다.

그것이 실연이란다. 조소하는 듯이 땅 틈에서 우는 벌레 소리가 똑똑

하게 정희의 귀에 들려올 때 정희에게는 구두 신은 발로써 그놈의 벌레를 짓밟아 죽이고 싶도록 깍정이었다. 그리고 어두컴컴한 서투른 길을 급한 보조로 걸어나오다가 발끝에 돌멩이가 채고 높은 줄 알았던 땅이 정신없이 쑥 들어갈 때 에쿠 하고 넘어질 듯하다가도 그 돌멩이 그 허방에 분풀이를 하고 싶어서 못 견딜 지경이었다.

정희에게는 만개한 꽃이 다 여윈 듯하고 둥근 달이 이지러진 듯하다. 밤빛에 흔들리는 웃는 꽃들도 때아닌 서리를 맞아 애처롭게 여위어 땅에 떨어져 짓밟힌 듯하고 구만 리나 멀고 먼 하늘에 진주를 뿌린 듯한 작고 큰 별들도 죽어가는 요귀의 독살스러운 눈동자같이 보일 뿐이다.

그는 발이 이끄는 대로 정처없이 걸어간다. 화분 실은 봄바람이 그의 두 뺨을 선들선들하게 스치고 적적한 밤기운은 쓰리고 아픈 가슴을 채울 뿐이다.

원산의 검은 윤곽은 세상의 광막을 심수에 전하여 주는 듯하고 어두움 속에 멀리 통한 백사지 길은 일종 낭만적 경지로 자기를 인도하는 듯하였다. —— 그 낭만적 경지라 함은 물론 모든 행복의 이상경이 아니라 그와 반대되는 곳이었을 것이다.

정희는 가슴에서 쓰린 감정이 한번 치밀어올라오며 주먹을 쥐고 전신을 바르르 떨고,

—— 죽을까?

할 때 굵다란 눈물방울이 두 뺨을 스치었다.

—— 죽지, 살어 무엇 하나!

그 옆에 누가 서 있어 그에게 의견을 묻는 듯하다.

—— 죽어도 좋지요.

그는 하늘을 우러러보며 혼자 부르짖었다. 그리고 두 손을 모으고 두 입술이 떨리며 눈물이 식어 그의 옷깃에 떨어지는 소리가 들릴 때,

하느님, 모든 것을 만드신 하느님! 저도 하느님이 만드셨지요. 인간

의 모든 행복이 하느님의 뜻으로 되는 것이라 하면 또한 불행도 그러하겠지요. 사람이 만물을 자유로 할 수 있을 만치 총명한 것같이 하느님은 또한 우리를 자유로 하실 수 있을 만치 전능하시지요. 아아 하느님, 저는 아무것도 모릅니다. 마음 약한 사람의 하나로서 인생의 가장 큰 행복을 잃어버린 사람입니다. 하느님, 저는 다만 하느님이 시키시는 대로 그대로 모든 것을 행할 뿐입니다.

그는 걸음을 낙동강 연안으로 향하여 갔다. 두 팔을 가만히 치마 앞에 모으고 걸음을 반 걸음 반 걸음 내놓을 때마다 그의 고통과 초민은 그 도를 더하여 갈 뿐이다.

틀어얹은 머리털이 풀어지고 흩어져 섬사한 살쩍이 촉촉히 솟은 땀에 젖었다. 그에게는 있다 하면 가나안 복지요 이스라엘 백성을 인도하던 모세의 영감 있는 지팡막대기가 아니라 죽음의 깊은 물로 그를 집어 던지려 하는 낙망에서 일어나는 일종 반동적 세력이었다.

어두컴컴한 저 쪽에 출렁거리는 물소리를 정희는 들었다. 그리고 푸른 물이 암흑 속에서 울멍줄멍 자기의 몸을 얼싸안으려는 것이 보일 때 그는,

—— 아!

하고 그대로 땅에 엎드러져,

'너무 속하구나!'

하고서,

'나는 원망도 없고 질투도 없고 다만 순결한 일생을 만들기 위하여 스스로 죽음을 구하여 여기까지 왔습니다. 세계는 순결한 곳에 비로소 영의 나라를 세울 수 있겠지요.'

사박사박하는 가루 모래가 바람에 불려 사박사박할 때 동으로 왕태

---

* 대령(大靈) 근본이 되는 신령. 위대한 신령.

산 저 쪽의 새벽빛이 서편 암흑과 어우러져서 밝아온다.

정희는 구두를 벗었다. 이것이 그의 죽음으로 가는 첫째 번 해탈이다. 그리고 이번에는 더욱 천천히 걸음걸이를 하여 물 흐르는 곳으로 가까이 갔다. 비단 양말 밑에 처음으로 가루 모래가 닿을 때 그는 차디찬 송장의 배 위를 딛는 것같이 몸서리치게 근지러움을 깨달았다. 그리고 두 발걸음 세 발걸음 점점 물 가까이 가서는 멈칫하고 서며 가슴이 무쇠로 때리는 듯이 선뜻하여졌다. 그리고 컴컴한 가운데서 시커먼 물이 넘실넘실할 때 그는 무서워 떨었다. 그리고는 물 속의 졸던 고기 하나가 사람 그림자에 놀라 푸르락 하고 뛸 때 그는 간이 좁쌀만하여지도록 놀랐다. 그리고는 '에그머니' 소리를 칠 만치 몸을 소스라쳤으나 달아날 만치 약하지 않았다.

그는 그 자리에 선 채로 뒤도 돌아다보지 않고 오 분 이상을 꼼짝 아니하고 있었다. 그러다가 먼 동리에서 '죽어라' 하고 신호를 하는 듯한 닭의 소리가 들릴 때 그는 비로소 동쪽이 밝은 것을 알았다. 그래 치마를 머리 위에 뒤집어쓰고 모든 용기를 다하여 물 속으로 달음질하였다.

그가 이제는 물 속에 들어왔지? 하였을 때, 인제는 죽었지 하였을 때, 모든 세상을 단념하고서 두 팔을 두 다리를 쭉 펴고 힘없이 누웠을 때, 그가 송장이 된 줄 알고 모든 세상의 괴로움 슬픔이 없어진 줄 알았을 때, 자기 몸은 둥실둥실 강물을 따라 흐르는 줄 알았을 때, 그 찰나에 다시 정신을 차려보니 아직까지도 모래 위 자기가 섰던 그 자리에 나무에 붙잡아 매어놓은 듯이 꼿꼿이 서 있었다. 그는 다시 주먹을 쥐었다. 푸른 물은 새벽 빛을 받아 조금 얇게 푸르다. 그는 또다시 달음질하였다.

그가 죽을 힘을 다하여 죽음으로 뛰어들어가려 하는 노력은 죽는 것보다도 더 어려웠을 것일는지!

이를 악물었다. 그리고 물이 이 몸에 닿으리라고 예기하던 찰나에 그는 도리어 그 반대 방향 되는 그의 등 뒤쪽으로 자빠지고 등이 모래 위에 닿을 터인 그 찰나가 되기 전에 그의 등은 어떠한 사람의 가슴에 안겼다. 그리고 비로소 처음으로,

"이게 무슨 짓요?"

하는 소리가 사람의 입에서 나오는 것인 것을 분명히 알게 되었다. 그는 아무 말 없이 그저 물 있는 곳으로 뛰어들려 할 뿐이었다. 그는 그때에는 자기가 죽으리라고 결심한 낙망을 동기로 물로 들어가려 하는 것을 무슨 부끄러움, 또는 세상에 대한 자아의 불명예를 생각할 때 그는 거의 비스름하게 물로 뛰어들려 하였다. 그러나 그를 제지하는 그 사람은 그리 완강하지는 못하였으나 정희 하나를 붙잡기에는 넉넉한 힘이 있었다.

정희의 전신은 땀에 젖었다. 그리고 이제는 하는 수 없구나 하였을 때 그는 그 사람 팔에 그대로 안기며 힘없이 쓰러졌다. 그리고 얼굴 가린 치마는 벗으려 하지도 않고 소리가 들릴 만치 느껴 울었다. 그가 정신을 차릴 때에는 그의 머리가 어떠한 사람의 무릎에 놓여 있고, 그는 모래사장에 두루마기를 깔고 누워 있었다.

7

"나무아미타불!"

정희는 눈을 떴다. 온몸이 땀에 젖은 데다가 새벽 바람이 불어 척근 척근하게 한다.

"누구십니까?"

하고 자기를 문지르고 있는 사람을 바로 쳐다보았으나 그의 얼굴 윤곽이라든지 음성이라든지 또는 몸짓이라든지 한 번도 만나 본 기억이 없는 사람인데 머리에는 송낙을 썼다.

"나무아미타불!"

을 또 한 번 외더니 가슴을 내려앉히고 한숨을 한 번 쉬고,

"누구신지는 알 수 없으나 젊으신 양반이 어째 그런 마음을 잡수셨을까요?"

정희는 일어나 앉으려 하지는 않고 고개를 힘없이 그 여승의 무릎 위에서 저 쪽으로 돌리며,

"그거야 말씀해 무엇 하겠습니까마는 어떻든 고맙습니다."

하고 다시 하늘을 쳐다보니 아까 있던 별은 여전히 깜박거리고, 아까 보이던 산도 여전히 멀리 둘리어 있고, 아까 자기를 삼키려던 물은 여전히 흘러가느라고 차르럭거린다.

"고맙기야, 이것도 다 부처님이 지시하심이지요. 그러나 이렇게 젊으신 이가 물에 빠지려 하심은 반드시 곡절이 있을 듯한데요. 저에게 말씀을 하시고 어서 바삐 날이 밝기 전에 댁으로 가시지요. 소문이 나면 좋지 못할 터이니까요."

정희는 또다시 한참 있다가 겨우 일어나려 하니까 그 여승은,

"염려마시고 누워 계세요. 신열이 이렇게 나시고 가슴이 이렇게 뛰시는데."

하며 아직 주름살이 잡히지 않은 사십 가까운 여자의 손으로 정희의 머리를 짚어 준다. 정희는,

"저에게는 이제부터 집도 없고 부모도 없고 아무것도 없는 사람에요. 지금 당신이 나를 구하신 것이 세상 사람이 혹 그것을 잘한 일이라고 칭송할는지는 알 수 없으나 죽는 사람은 벌써 이 세상에서 한 가지 반 가지의 행복을 얻지 못할 줄 알 뿐만 아니라 도리어 세상에 살아 있는 것이 고통이며 불행한 것을 안 까닭에 죽으려 한 것이니까 죽는 것이 사는 것보다 어떻게 생각해서 더욱 행복은 된다 할 수 없더라도 사는 것보다 나으니까 죽으려 한 것이겠지요. 지금 당신이 나를 구한

것이 당신의 자비일는지는 알 수 없으나 나에게는 도리어 고통의 연쇄가 될는지도 알 수 없어요."

여승은,

"그렇지요. 그것도 그렇지요. 그러나 이 세상의 괴로움은 극락에 들어가는 어비입니다……."

말도 마치기 전에 정희는,

"알았습니다. 신심 깊으신 당신으로는 그런 말씀 하시는 것이 잘못이라 할 수는 없겠지요. 당신은 당신 마음 가운데 언제든지 극락이나 열반이란 당신 자신이 믿는 바 이상경을 동경하는 까닭에 이 세상에서 살어갈 수가 있는 것이지요. 그러나 저의 마음에는 당신과 같이 굳세인 힘을 주는 것인 천당도 아니요 극락도 아니요 그 무엇인 것이 없어졌습니다."

여승은,

"그 무엇이라시는 것은 무엇입니까?"

"네, 그것은 말씀하지 않으렵니다. 그 말을 하여서 도리어 자비하신 당신의 마음을 걱정되게 할 것은 없으니까요. 그것은 청정하신 당신의 마음을 도리어 불쾌한 감정으로 물들이게 할 터이니까요. 도리어 당신네들에게는 죄악시되는 것입니다. 그러나 우리 인생의 모든 종교 모든 속박 모든 세력을 깨트려 부술지라도 그것 한 가지는 우리 인류가 존재한 그 날까지는 길이 길이 우리 인생에게 최대의 신앙을 줄 것입니다."

여승은 알아챈 듯이 한참이나 묵묵히 있다가,

"알았습니다. 알았어요. 그러면 저는 또다시 말씀을 여쭈어보려 하지도 않습니다."

"네, 그 말 하나는 묻지 마세요. 그것은 언제든지 기회가 오면 알어질 날이 있을 터이니까요. 그런데 여보세요, 저는 다만 청정한 몸으로

이 세상에서 살다가 죽으렵니다. 저의 영에게도 아무 흠이 없고 저의 육에게도 아무 흠이 없이 죽고 싶어요. 종교에 헌신한 사람이 어떠한 종교의 한 가지 신앙만으로써 그의 일생을 마칠 때 그가 영생의 환희를 깨닫는 것과 같이 나는 아무 매듭과 아무 자국이 없는 영과 육으로 영원한 대령*과 영원한 만유 속에 안기고 싶어요."

여승에게는 그 무슨 의미인 줄 알아듣지 못한 듯이 다만 묵묵히 앉아 있을 때 저 쪽 갈라산 앞에서 삐걱삐걱 새로이 밝아오는 새벽 기운을 흔들며 낙동강 하류로 흘러가는 뗏목 젓는 소리가 들려온다.

두 사람은 일시에 깜짝 놀랐다. 그리고 정희는 일어나 앉아 사면을 둘러보았다. 새벽빛은 벌써 온 하늘에 가득 차고 작은 별들은 자취를 감추고 동쪽 하늘에 여왕의 이마를 치장하는 금강석알 같은 샛별이 번쩍번쩍할 뿐이다.

"어서 가십시다."

사람도 없는데 누가 듣는 듯이 여승은 조그마한 목소리로 황망히 정희를 재촉한다. 정희도 여승의 손을 잡고 일어섰다. 그러나 어데로 갈고?

"댁이 어디세요?"

"나는 갈 집이 없어요."

"그러실 리가 있나요? 봐 하니 그러실 것 같지는 않은데요."

"우리 집이라고 있었기는 있었지만은 이제부터는 우리 집이 아녜요. 있다 하더라도 가기를 원치 않으면 가지 못해요."

"그러면 어떻게 하십니까?"

"무엇을 어떻게 해요. 나는 벌써 죽은 사람예요. 그러기에 아까도 말씀했거니와 죽으려는 사람을 구하시는 것이 당신에게는 자비가 될는

---

*대령(大靈) 근본이 되는 신령. 위대한 신령.

지 알 수 없으나 나에게는 행복이 못 된다 하였지요."

"그러면 소승하고 같이 가세요."

"고맙습니다. 네, 네, 나를 어디로든지 데려다 주세요. 그리고 나의 살아 있는 것 누구에게든지 알리지 말아 주세요."

"그것은 어째서요?"

"네, 그것은 그렇지요. (한참 있다가) 요 다음에 말씀하지요."

여승은 정희의 발바닥 발을 보더니,

"신을 신으시지요."

하였다.

이 말을 들은 정희는 그 소리를 듣고 구두를 신으려 하다가 무엇을 생각한 듯 얼른 말머리를 돌리어,

"싫어요. 죽으려다 다시 산 사람이 죽으려 할 제 벗어버린 신을 다시 신으려 하니까 어째 몸서리가 쳐지는구려. 그대로 발바닥으로 가지요."

두 사람은 걸어간다. 먼 곳에서 바라보매 송낙 쓴 중의 등에 정희가 업히어 강물을 건너는 것이 희미히 보인다. 그리고 저 쪽 의성으로 통한 고개 비스듬한 길 위에 두 사람의 그림자가 사라지고 말았다.

8

그 날 새벽이 새어 아침이 되었다. 온 안동 전읍에 이상한 소문이 퍼지었다.

"어젯밤에 사람이 물에 빠져 죽었다네그려."

"어디서?"

"강물에서."

"누구인지 모르나?"

"모르기는 왜 몰라. 은행소 사장의 딸이라네."

"이 사람아, 사장의 딸이 아니라 지배인의 딸이란다."

"아냐. 사장의 딸야. 자네는 알지도 못하고 공중 그러네그려."

"아따, 이 사람아. 대구은행 안동지점에 사장이 있든가? 지배인이 사장 대리를 보지."

"그런데 나이는 얼만데?"

"열여덟 살야. 왜 자네 보지 못하였나? 작년에 대구여자학원을 제2호로 졸업한 그 여자말일세."

"그것 참 안되었는걸. 그런데 시체나 찾았나?"

"송장까지 못 찾았다네. 물은 그리 깊지도 않은데 어디든지 떠가다가 모래에 묻혔거나 어디 걸렸겠지."

"그런데 어떻게 물에 빠진 것을 알았어?"

"응, 그것은 강가 모래톱에 구두를 나란히 벗어 놓았는데 바로 물가로 사람 걸어간 자국이 나란히 났네그려."

"자네 가보았나?"

"그래, 가보았어. 그런데 조화데 조화야. 빠진 곳은 물이 한 자도 못되데그려."

한참 있다가 또다시,

"그런데 그와 정혼한 사람이 있지?"

한 사람이 입술을 삐죽 내밀더니,

"말 말게. 이번 일도 다 그 사람 때문이라네."

"그 사람 때문이라니?"

"소박덕이야, 소박덕이. 새로운 문자로 말하면 실연자렷다."

"그걸 보면 사람이란 알 수 없는 것이야. 남들은 침들을 게게 흘리면서 따라다니는 놈도 있는데 또 싫다고 내대는 사람은 누구야. 그것을 보면 우리 사람이란 영원히 불구자들야. 장님이며 귀머거리들야."

이러한 소문이 난 줄을 알지 못하는 일복은 아침 일찍이 일어나서 은행으로 가려 하다가 시간이 아직 되지 못하였으므로 이동진을 찾아 그의 집까지 갔다.

　"동진 씨."

하고 문 밖에서 부르는 소리를 들은 주인은,

　"네, 누구십니까? 에구, 이게 웬일이시오. 이렇게 일찍……."

하면서 아직 대님도 풀은 채 문 밖으로 나와 일복을 맞아들인다. 일복은 방 안으로 들어가 앉으며,

　"네, 하도 잠이 오지 않기에 세 시에 일어나 앉아 밤이 새기를 기다려 여기까지 찾아왔습니다. 일찍 일어나니까 참 좋은걸요."

　두 사람은 대좌하였다. 이 말 저 말 하다가 일복은 무슨 하기 어려운 말이나 꺼내려 하는 듯이 기침을 한번 하고,

　"그런데요, 한 가지 청할 것이 있어서요."

하니까, 동진은 이상히 여기는 눈으로 일복을 바라보며,

　"무슨 말씀입니까?"

하였다. 일복은 다짐을 받으려는 것처럼,

　"꼭 성공을 시켜 주셔야 합니다."

　"글쎄 말씀을 하셔야지요. 성공할 만한 일이면 어디까지든지 일복 씨를 위하여 진력하여 드리지요. 대체 무슨 일인가요?"

　일복은 한번 빙긋 웃더니 부끄러워 얼굴이 잠깐 연분홍빛으로 변하였다가 사라지며,

　"저어, 엄영록을 아신다지요?"

하고서는 동진의 기색을 살피는 동시에 아첨하는 듯이 또 빙긋 웃었다.

　"하하하하."

하고, 크게 웃는 동진의 웃음 속에는 일종의 조롱과 호기심이 잠재하였다. 이것을 알아챈 신경질의 일복은 달아나고 싶을 듯이 부끄러웠다.

그러나 꿀꺽 참고 자기도 거기에 공명하는 듯이,

"하하하."

하고, 웃었으나 그 웃음소리는 자기의 폐부를 씻어내는 듯한 시원한 웃음이 아니었다.

"알았습니다. 그러면 날더러 중매가 되라시는 말씀이지요. 예, 진력해 보죠. 그러나……."

한참 입을 다물고 있더니,

"그러면 그이는 어떻게 하시나요?"

하며 일복의 얼굴을 중대 문제나 들으려는 듯이 물어 본다.

"그이라뇨?"

"정희 씨 말씀에요."

"네, 정희요. 정희가 나에게 무슨 관계가 있습니까?"

"그게 무슨 말씀예요? 그 정희 씨는 일복 씨의 아내가 되시지 않습니까?"

"아내요? 저는 아내가 없거니와 될 사람도 없어요. 있었다 하더라도 그것은 벌써 옛날이지요."

동진은 일복의 마음을 잘 알아차리지 못하였는 듯이,

"나는 이런 문제를 당할 때마다 한 가지 큰 걱정으로 생각하는 것이 있어요. 요사이 젊은이들 가운데에는 이혼 문제가 많이 일어나는 모양이올시다. 그런데 그것은 당사자 된 그 사람들이 깊이깊이 생각하지 않고서 경솔히 행하는 것이라 생각합니다. 자기네들은 자기의 만족만 채우기 위하여 일개 잔약한 여자의 불행을 생각지 못한다 하는 것에요."

"그거야 사랑이 없는 까닭이지요. 또한 그 아내 되는 이가 자기를 이해하지 못하고 다만 습관의 노예가 되는 까닭이지요."

"흥, 사랑이 없어요? 사랑만 없다 하면 차라리 모르겠습니다만은 그것을 지나쳐 자기의 정식 아내를 아내라는 미명하에 유린하는 사람들은 그것을 무엇이라 할까요? 아내와 사랑이 없다는 핑계로써 다른 여자를 소위 애인이라고 사랑을 하면서 또 한 옆으로 자기 아내에게 자식을 낳게 하는 것은 그것이 자기 아내에게 대하여서 부정일 뿐만 아니라 그 소위 애인이라 하는 사람에게 간음이 아니고 무엇에요? 정식 아내는 신성합니다. 부모가 정하여 주었다거나 또는 법률상으로 인정한다 하여 신성한 것이 아니라 그에게 자기는 누구의 아내라는 굳은 신념과 책임을 갖게 한 곳에 있어 신성하지요. 보십시오. 비록 그의 남편을 이해하지는 못할지라도 그 남편을 위하여 자아를 희생하는 곳에 있어 아마 자기네들이 싫어하는 아내 같은 이가 별로 없다고 생각합니다. 나는 요사이 새로운 청년간에 애인이라는 새로운 명사를 많이 듣습니다. 애인, 진정한 애인이 있기를 나도 바라마지 않는 바가 아니지만 자기네들도 죄악으로 덮어놓고 인정하는 첩이라는 말과 애인이라는 명사의 그 거리가 얼마나 먼지 알 수가 없는 일이 있어요."

이 말을 들은 일복은,

"그렇지요. 거기 들어서는 나도 공명하는 의견을 가졌습니다. 아내가 즉 애인이요, 애인이 즉 아내가 되지 않으면 안 될 것이지요. '아내=애인, 애인=아내' 여기에 비로소 완전한 애인 원만한 가정이 생길 것입니다. 그런데 동진 씨나 나나 입으로 말하는 곳에 그럴 듯한 생리, 일리, 혹은 진리가 없지 않겠지만은 우리의 모든 행동에 모순이 있는지 없을는지 나는 단언하기 어렵다고 생각해요. 감정이 미친 장님처럼 날뛸 때에 과연 생각의 일절 사이에라도 죄악의 마음이 발동하지 않느냐 하는 것이 저의 입으로는 대답하기 어려운 말입니다. 그러나 우리 사람이 약한 동시에 강할 수 있는 것으로서 다른 만물과 다른 점이 있는 것이지요. 우리는 약한 데서 일어나 강한 데로 나가는 곳에 자아를 완성할 수 있다고 생각합니다. 미성품인 자아를 성품을 만들려고 노력하는 그 노력 여하에 그 인격이 나타나는 것이라고 저는 생각해요. 오늘의 제가 약자가 되어 일개 여성의 눈물을 보고서 저의 입을 한번 잘못 벌렸더라면 저는 영원히 죄짓는 사람이 되었을 터이지요."

"그것은 무슨 말씀이십니까?"

"네, 차차 아시겠지요. 그러나 동진 씨는 나를 독신자로 물론 인정하시는 동시에 어떠한 이성의 사랑을 구하는데 완전한 권리와 자격이 있는 것을 의심치 않으시겠지요?"

동진은 빙긋 웃어 그것을 긍정하는 뜻을 표하더니,

"그거야 그렇지요. 그러나 정희 씨와 그렇게 되셨다 하는 말씀을 들으니까 어째 좋은 마음은 들지 않는걸요."

"그러시겠지요. 그런 일이 없으니만은 같지 않으니까요. 저도 좋은 감정이 일지는 않아도, 그러나 적은 것은 큰 것을 위하여 용단있게 버릴 것이지요. 그러면 아까 말씀한 것은 꼭 그렇게……."

"그거야 염려맙쇼. 말씀을 해 보지요."


9


일복은 동진의 집 문을 나섰다. 그리고 큰길 거리로 나섰을 때 등에 나무를 진 촌사람들과 지게에 물건을 듬뿍 진 장돌뱅이들이 서문으로 통해서 읍을 향하여 들어오는 것을 보았다. 이것을 본 그는 무엇을 깨닫는 듯이 발을 멈칫하다가 다시 걸어가며,

── 옳지, 가만 있거라. 오늘이 며칠인가? 오늘이 장날이로구나, 오늘이 장날이야. 됐다, 됐어. 그러면 오늘 엄영록이가 이동진의 집에를 들어올 터이지. 그러면 내가 부탁한 말을 하렸다.

하고서는, 웬일인지 얼굴이 시커멓고 상투꼬부랑이에 땀내 나는 옷을 입은 촌사람 장돌뱅이들이 만나는 족족 반가워 손목을 붙잡고 인사를 하고 싶었다. 그리고는 엄영록은 양순의 오라비였다, 저렇게 저 사람들처럼 생긴 촌사람이었다, 그리고 나는 은행원. 제가 나를 매부를 삼기만 하면 해로울 것은 없지! 사람의 마음이라 알 수 없지만 제가 나를 매부를 삼아 보아라. 제 등이 으쓱하여질 터이지.

일복 앞에는 새로 뜨는 아침 볕이 금색으로 번득거려 새날의 기쁜 새 소식을 전하여 주는 고마운 전령사의 사람좋은 웃음같이 그의 마음을 즐거움으로 넘치게 하고, 부드러운 봄바람이 산들산들한 길거리로 걸어가는 사람들은 모두 혼인 잔치 구경가는 사람들처럼 발자취가 가벼웁고 기꺼운 농담이 입 가장자리에 어린 듯하다.

그에게는 어린애가 촛불을 잡으려는 듯한 환희와 기대가 있었다. 앞길이 밝고도 붉으며 신묘하고도 즐거운 희망의 서색이 그를 끝없는 장래까지 끌고가는 듯하였다. 그러나 어린애가 다만 그 목전에 휘황한 촛불의 빛만 보고 그 뜨거운 것은 알지 못하는 것과 같이 일복도 또한 자기 앞길에 전개되는 광채나게 즐거운 것만 볼 줄 알았지만 그 외에 그 광채 속에 가리어 있는 그 어떤 쓰림과 그 어떤 아픔이 있을 것을 알지 못하였다.

그가 은행문을 들어서기는 아홉 시가 십오 분을 지난 뒤였다. 앞서 온 은행원들은 장부들도 뒤적거리고 전표를 가지고 왔다갔다 하기도 했다.

일복은 모자를 벗어 걸고 자기 사무상으로 나아가려 할 때 다른 행원 두엇이 자기를 돌아다보고서는 냉정한 눈으로 다만 묵시를 하고서는 하나는 저 쪽 지배인실 모퉁이를 돌아가 버리고 한 사람은 자기 상에 돌아앉아 전표에 도장을 찍을 뿐이다.

그는 일부러 당좌 예금계에 있는 행원에게 가까이 가서 심심풀이로 말을 붙여보려 하였다.

"오늘은 어째 이르구려. 어제는 아마 마시지를 않은 모양이구려."

술 잘 먹는 당좌 예금계는 삐쭉하면서, 그전 같으면 껄껄 웃고 말 일을 오늘은 어째 유난히 냉정한 태도에 침착한 어조로,

"내가 술 잘 먹는 것을 언제 보셨든가요?"

하고서는 장부를 이것 저것 꺼내들고서 쓸데없이 뒤적거린다. 이 말을 들은 일복의 마음은 불쾌하였다. 더구나 '보셨든가요'라 아주 싫었다. 전 같으면 '보셨소' 하든지 '보았다' 할 것을 오늘에 한하여 '보셨든가요' 경어를 쓰며 그의 표정이 너무 사무적인 데 일복은 불쾌하지 않을 수가 없었다. 그리고 말 한 마디를 정다웁게 꺼냈다가 도리어 불의와 분외에 존경을 받고 보니 도리어 그는 치욕을 받은 것 같고 멸시를 당한 것 같았다. 그래서 입이 멍멍하여지며 공연히 얼굴이 홧홧하여졌다. 그러나 그대로 돌아설 것도 없어,

"아뇨. 보았다는 것이 아니라 본래 유명하시니까 말씀에요."

"무엇이 유명해요? 나는 그런 불명예스러운 유명은 원치 않아요."

일복은 기가 막혀 한참이나 아무 말이 없다가,

"그렇게 말씀할 것은 없지요. 그리고 그렇게 불명예될 것은 없을 듯한데요."

"일복 씨는 그것을 불명예로 생각지 않으시는지는 알 수 없으나 저는 아주 얼굴이 붉어지는 불명예로 알아요. 그리고 저는 언제든지 자기로 말미암아 남에게 불행을 끼치기를 원치 않으므로 이제부터는 술을 끊으려 합니다."

"술 먹는 것으로 남에게 불행을 끼치게 할 것이 무엇입니까?"

당좌계는 '흥' 하고 한 번 기막힌 듯이 웃더니 그 말 대답을 하지도 않고,

"사람이란 불쌍한 것이지요. 자기 때문에 생명을 잃은 사람이 있는

것을 알지 못하고 안연한 태도로 하늘과 땅 사이에 서 있는 것은……."

일복은 속으로 '이 사람이 미쳤나?' 하였다. 그래서, '그게 무슨 말씀예요?' 하려 할 때 누가 소절수* 하나를 들이밀므로 그는 그 소절수 들이민 사람의 얼굴 한 번 보고 그것을 받는 당좌계를 한 번 쳐다보고서는 남의 일에 방해가 될까 하여 이 쪽 자기 사무상으로 왔다.

일복이 자기 사무상으로 가는 뒷그림자를 보는 당좌계는 현금 출납계를 건너다보며 일복을 향하여 입을 삐쭉하더니 빙긋 웃었다. 출납계원도 거기에 따라 웃었다. 일복을 보고서 말 한 마디 하는 사람이 없었다. 그리고 전표를 옮기는 하인까지 경멸히 여기는 태도와 또는 가까이 하기에도 무서운 눈으로 일복을 대한다. 그리고 여기저기 자기 일을 보고 앉았는 여러 사람들은 약속한 듯이 말이 없고 은행 안은 근지러운 듯이 적적하여 때때로 문 닫히는 소리와 스탬프 찍는 소리가 가라앉은 신경을 놀라웁게 자극할 뿐이다.

일복은 자기의 장부를 폈다. 그리고서 주판을 골라 놓고 한 줄기 숫자를 차례로 놓아 본 뒤에 다시 다른 장부를 펴려 하다가 다시 접어 놓고 혼자 멀거니 앉아 유리창으로 바깥을 내다보고 앉았으려니까 또다시 자기 눈에 보이는 것은 양순이며, 또는 오늘 그의 오라비와 이동진 사이에 체결될 연담이 성공되리라는 믿음이 공연히 침울하던 마음을 양기 있게 흥분시켜 당장에 자기가 하늘로 올라갈 듯이 기쁜 생각이 나는 동시에 아까 당좌 예금계에게 받은 반 모욕의 핀잔이 지금 와서는 자기의 행복을 장식하는 한 개 쇠못같이밖에 생각되지 않아 혼자 빙긋 웃었다.

열한 시가 되어도 지배인은 들어오지를 않았다. 일복은 지배인실을

---

\* 소절수(小切手) 수표의 옛 명칭.

돌아다보고 지배인이 들어오지 않음에 얼마간 이상히 여기는 생각이 났다. 그리고 여태까지 알지를 못하였더니 모든 사무를 다른 사람들은 지배인을 거치지 않고 그대로 처리하는 것을 그 때야 발견하였다. 지배인에게 도장을 찍어 받아야 수리될 전표는 그대로 그 다음 계로 돌아가 거기서 임시 처리가 되고, 지배인의 승낙을 받아야 할 만한 일은 내일로 연기가 된다.

그것을 본 일복은 오늘 지배인이 들어오지 않는 것은 반드시 무슨 긴급한 일이 생기었으며, 또는 다른 사람들은 그것을 아는구나 하였다. 그래서 그는 하인을 불러,

"오늘 지배인 어른은 안 오셨니?"

하고 물었다. 다른 사람들이 자기에게 대하여 태도가 냉정한 듯하므로 하는 수 없이 만만한 하인을 부름이다. 하인은 다만,

"네, 안 들어오셨어요. 아마 오늘은 못 들어오신다나 보아요. 무슨 일이 계신지요?"

하고서, 일종 연민히 여기는 눈으로 일복을 보다가 저 쪽에서 자기를 부르므로 그리로 가버렸다.

조금 있다가 지배인의 집 하인 하나가 은행문에 들어섰다.

"유일복 씨 계세요?"

하는 하인의 말을 수부에 앉았던 행원이 듣고서 조소하듯이 쌍긋 웃더니 얼굴짓을 하여 일복을 가리킨다. 하인의 목소리를 들은 일복은 서슴지 않고 벌떡 일어서며,

"왜 그러나?"

하였다. 하인도 일복을 조금 경멸히 여기는 듯이 시원치 않은 말씨로,

"댁에서 잠깐만 오시라고요."

즉 지배인이 부른단 말이다.

"나를?"

"네."

"왜?"

하인은 조금 주저하다가,

"모르겠어요."

"여기 일은 어떻게 하고."

"곧 오시라고 하시든걸요. 퍽 급한 일이 있는가 봐요."

일복은 공연히 의심이 난다. 어제 저녁에 정희가 다녀갔는데 오늘 지배인이 은행에도 들어오지 않고 또 은행사무 시간에 당장 오라는 것은 어떻든 좋은 일이 아닌 것을 예감하였다.

"가지. 먼저 가게."

"아뇨. 같이 가세요."

하인은 구인장을 가진 형사나 순사 모양으로 의기양양하고 또는 엄격한 빛을 띠고 그 자리에 서 있다.

그러나 일복은,

"먼저 가."

하고, 조금 무례를 책하는 듯이 하인을 흘겨보았다. 그러나 하인은 더욱 꿋꿋한 태도로써,

"같이 가셔야 합니다. 같이 모시고 오라 하셨어요."

일복은 하는 수 없이 모자를 쓰고 여러 사람에게 인사를 하고 문 밖으로 나왔다.

나가자 은행 속에서는,

"잡혀가는구나!"

"인제는 저도 이 은행하고는 하직일세."

"하지만 제 잘못은 아니니까."

"이 사람아, 그럼 누구 잘못인가? 사람이 인정이 있어야지. 그렇게까지 저를 생각하는 여자를 목숨까지 끊게 하였으니 그게 사람이 할 짓

인가? 사람으로서는 너무 냉정한 짓을 하였느니!"

"말 말게. 그 사람도 하고 싶어했겠나. 다 저 좋아하는 사람이 있으니까 그랬지."

"참 알 수 없어. 글쎄 주막집 계집애가 아무리 인물이 반반하다 하더라도 그래 자기 처지도 생각하고 장래도 생각해야지. 무엇 무엇 할 것 없이 죽은 사람만 불쌍하이. 그러나 저도 잘못이지. 죽을 것까지야 무엇 있나?"

## 10

문 밖에 나오려니까 장꾼들이 와글와글 한다. 층계를 내려서려 하니까 우편 배달부가 편지 뭉치를 들고 은행 문을 향하여 들어온다.

우편 배달부는 일복을 보더니 고개를 끄덕하며 인사를 하고서 편지 한 장을 꺼내 준다. 일복은 그 편지를 손에 받기 전에 벌써 그것이 김우일에게서 온 것을 알았다. 편지를 뜯었다. 그리고 읽었다.

나는 지금 이 곳에 온 지 삼십 분이 못 되어 이 편지를 친애하는 군에게 쓴다. 일천여 년 긴 역사를 말하는 고운사에 오려고 맘먹기는 벌써 여러 해였으나 이제야 이 곳에 발을 잠시 머물게 되니 옛날과 오늘을 한 줄에 쭈루룩 꿰뚫은 회고의 심정 위로 나의 추상의 그림자는 시간을 초월한 듯이 고금을 상하를 오락가락 한다.

군이여. 안동서 여기가 걷자면 삼십 리 멀지 않은 곳이니 한번 다녀가라. 그대를 떠난 지도 벌써 반재여 멀리 있어 그립던 정이 가까운 줄을 알게 되매 더욱 끊어지는 듯이 간절하다.

의성 고운사에서 우일

이 편지를 받아든 일복은 의성 편을 바라보았다. 몽몽한 구름과 한없는 천애가 다만 저 쪽에 고운이 있다는 추상만 주고 산이 막힌 그 쪽에는 산모퉁이의 위로 두어 마리 소리개가 소라진을 치고 있다.

나의 벗은 저 쪽에 있다. 나의 모든 사상, 모든 감정을 속속들이 피력할 수 있고 또는 호소할 수 있으며 또는 능히 지도하여 주고 안위를 줄 수 있는 친우는 여기서 재를 넘고 물을 건너 삼십 리 저 쪽에서 나 오기를 기다리고 있다.

나는 갈 터이다. 마음을 서로 비추어 밝힐 수 있고 간담을 서로 토하여 서로 알아 주는 우일에게로 나는 가리라 하였다.

그는 당장에 맥관으로 흐르는 핏결이 술 먹어 유쾌한 흥분을 깨달은 듯이 얼굴이 더워지도록 약동함을 깨달았다. 그리고 흐르고 넘치는 회우의 정이 그의 가슴으로 스며드는 듯함을 느꼈다.

한 사람의 지기도 갖지 못한 사람은 아무것도 가진 바 없이 사막을 가려함과 같다. 일복에게는 만 사람 주고도 바꿀 수 없는 우일이라는 지기가 있다. 그는 그의 생애에 기름이며 에너지였다. 우일은 자기를 바쳐서 일복을 도와 주는 사람이다. 그에게는 일복을 능히 신앙을 부어 줄 만한 뜨거운 열정이 있었으며, 일복을 우는 데서 웃게 하며 약한 데서 강하게 할 만한 힘이 있었다.

우일의 웃음은 도리어 일복을 감격으로 울릴 수 있으며 그의 눈물 한 방울은 일복의 용기를 솟쳐 줄 만큼 뜨거움이 있었다.

우일은 일복이 울려 할 때 웃음으로 그 눈물을 위로하였으며, 그는 일복이 넘어지려 할 때 농담 섞어 격려하여 그를 붙잡아 주는 사람이다. 네가 우느냐? 함께 울어 주는 마음 약한 동정자가 아니라 울려거든 네 맘껏 울고 그 울음을 말았거든 다시 웃어라 하는 자였다. 너는 약함을 알고 비애를 알고 고통을 알아라! 그러나 그것은 강자가 되기 위하고 또는 환희를 얻기 위하고 또는 무한한 생의 위안을 얻기 위하여서 하라 하는 자였다.

남이 넘어지거든 그를 붙잡아라. 그리고 자기 등에 그 사람을 짊어지고 나아갈 만한 용자가 되라. 넘어진 사람을 위하여 함께 넘어져 같이 파멸되는 자가 되지 말라 하는 자였다.

진주 같은 눈물 방울은 영원한 환희의 목을 장식하는 치렛거리요 텅 빈 한숨의 울림은 무한한 안위의 반영인 신기루로밖에 생각지 않는 사람이었다.

일복이 편지를 주머니에다 넣고 다시 앞으로 한 걸음 나가려 할 때에 하인은 죄수를 감시하는 간수와 같이 일복에게서 시선을 조금도 떼지 않았다.

일복은 그러나 그것을 알지 못하였다. 그가 다시 군청 서기 한 사람을 만나 모자를 벗고 인사를 하며 넘치는 우정을 웃음으로 나타내었으나 그 사람은 전에 없는 멸시하는 표정으로 모자를 벗고 땅만 내려다보며 인사를 하고 지나갈 뿐이다.

장거리에서 물건을 사고팔던 사람들도 일복을 모두 한 번씩 유심히 바라본다. 저 쪽에서 방물을 늘어놓고 촌사람과 수작을 하던 상투쟁이 장돌뱅이가 일복을 보더니 손가락질을 하며 무엇이라 수군댄다.

술집 마누라쟁이가 일복을 보았다. 허리가 아픈 듯이 뒷짐을 지고 뚱뚱한 배를 내밀고서 진물진물한 두 눈을 두어 번 끔벅끔벅하더니 긴 한숨을 휘이 쉬며 들릴 둥 말 둥한 소리로,

"허어 저렇게 얌전한 이가 가엾은 일이로군."

하며, 옆의 어린애를 업고 있는 늙은 할멈을 부르더니,

"동생네, 이리 오소. 술이나 한잔 자시소."

사투리 섞어 동무를 부른다.

일복은 어제와 아주 다른 별천지를 지나간다. 모든 사람들이 자기에게 대한 태도가 그렇게까지 고동을 틀어 놓은 듯이 변한 줄은 알지 못

하고 다만 이상한 숲 속으로 지나가는 듯이 일복은 장거리를 지나간다.

방 안에서 술 먹던 사람은 고개를 기웃 일복을 쳐다보며, 이발관에서 머리를 깎던 이발쟁이는 가위를 솔로 털면서 일복을 내다본다.

일복은 지배인의 집 문간에 들어섰다. 새로이 지은 주택이 해정하고 깨끗하나 그런데 맨 처음 생각나는 것은 정희다.

정희가 나를 보면 어저께 일을 생각하고 퍽 부끄러워하겠지! 아니다, 보러 나오지도 않으렷다. 보러 나오지 않는 것이 피차간 좋은 일일는지도 알지 못하니까. 그러나 오늘 지배인이 다른 날과 다르게 나를 사무 시간에 자기 집으로 부르는 것은 반드시 중대한 일이 있는 모양인데 필연 정희에게 무슨 말을 듣고서 그것을 나에게 권고하려거나 또는 책망하려는 것인 게지. 그렇지, 그래. 그러나 쓸데 있니. 나에게는 하늘이 준 절대 자유가 있으니까. 내가 하고 싶은 일은 하고 하기 싫은 일은 아니 하는 것이지.

일복은 마루 끝까지 갔다. 그전 같으면 문간까지 나오지 못하는 것을 한할 만치 자기 목소리만 들어도 반가워하던 지배인이 자기가 방문 가까이 와서 기침을 서너 번 하여도 소리가 없다.

그가 열어 놓은 방을 흘깃 들여다볼 때 지배인은 그대로 자리에 누워 일복을 보고도 본체만체한다. 어제까지 그렇게 인자하고 온정이 넘치었으나, 적의와 노여움과 심각한 비애의 빛이 그 얼굴에 박혀 있다.

일복은 방 안에 들어서 예를 하였다. 그러나 지배인은 점잖은 사람의 예하는 투로 고개를 끄덕 아무 말이 없다. 그러나 그의 드러누운 태도로 패전한 장군이 적군의 하급 병졸을 대하는 듯이 비소 중에는 한 있는 적의를 품은 듯하였다.

일복은 자리를 정하고 앉았다. 그러나 어쩐지 지배인의 태도가 너무 냉담하다 함보다도 결투장에서 늙은 원수에게 무리로 결투하기를 강청함을 받은 듯이 불안하여 못 견딜 지경이었다.

"부르셨습니까?"

하는 것이 맨 처음 불안을 누르고 나오는 일복의 목소리다.  지배인은 다만 들릴 듯 말 듯한 한숨을 쉬어 긴장하였던 가슴을 내려앉히더니,

"어제 저녁에 정희가 자네에게 갔던가?"

일복은 속으로 그렇지 그래, 그 까닭이지, 하면서도 부끄러운 생각이 나는 중에 얼굴이 잠깐 붉어져 수줍은 생각이 나면서도 공연히 사람을 부끄럽게 하여 준 정희가 원망스러웠다. 그러나,

"네."

하고, 정직하게 대답하였다.

"그러면 몇 시에 왔나?"

"자세히는 모르겠으나 두 시는 된 듯합니다."

"두 시?"

한 번 다시 묻더니,

"혼자 왔는가?"

"네."

"자네는 정희를 아내로 생각하는가?"

일복은 아무 대답이 없다.

"왜 대답이 없어!"

"그것을 왜 저에게 거푸 물으십니까?"

"글쎄 거기에 대답을 해 달란 말야."

"저는 아무 대답도 할 수가 없어요."

"그것은 어째서?"

"정희는 저에게 아무 관계가 없는 사람이니까요."

지배인은 멀거니 무엇을 탄식하는 듯이 한참 있더니,

"그러면 자네 내 말 한 마디 들어 주려나?"

"무슨 말씀입니까?"

지배인은 벌떡 일어나서 바로앉더니,

"만일 세상에 어떤 사람으로 인하여 그 어떤 사람이 목숨을 끊는다 하면 도덕상으로 보아서 그 어떤 사람은 책임을 갖게 되겠지?"

"물론 그거야 형편에 따라서 다르겠지요."

"형편에 따라서 다르다니, 형편이란 어떤 것 말인가?"

"즉 말씀하면 어떤 남성과 여성이 있어 그 여성이나 남성이 그 어떤 남성이나 여성을 혼자 사랑하다가 저편에서 뜻을 받아 주지 않는 편에는 책임이 없다는 말씀에요."

이 때 안방 쪽에서 여자의 울음소리가 들리기 시작하였다. 바늘로 찌르는 듯하고, 날카로운 칼로 저미는 듯한 여성의 울음소리가 따뜻한 햇볕이 쬐어드는 앞마당을 지나 일복의 귓속으로 원한 있는 듯이 달려든다. 그리고 조 있게 뽑아 내는 애처러운 소리가 일복의 가슴 위로 살금살금 기어드는 것이 천연 산발한 처녀가 덤비어 돌아다니는 듯하다.

일복은 가슴이 공연히 내려앉았다. 지배인이 나를 불러다가 정희 말을 묻고서, 또는 어떤 사람으로 인하여 그 어떤 사람이 목숨을 끊는다 하면 도덕상으로 보아서 그 어떤 사람이 책임을 지지? 하는 말을 물은 것을 생각하면서 안에서, 곡성이 나는 것을 들으매 반드시 곡절이 있는 일인가 보다 하였다. 그러고서 자기가 거기에 대답한 말이 생각날 때 내가 대답은 그렇게 하였지만 만일 그 경우를 당장 내가 당하고 있으면 참으로 그 책임을 면할 수가 있을까?

울음소리는 일복을 소스라치고 소름이 끼치게 한다. 그리고 저 울음소리가 마녀의 홑치맛자락이 흩날리는 것같이 회선하는 저 방 안 아랫목에는 창백하게 식은 정희의 시체가 놓여 있지나 아니한가? 그리고 그 정희의 죽음이 이를 악물고서 나를 영원히 원망하지 않는가?

그의 추상이 너무 불명하고 막연하게 자기 눈앞에 보일 때 그는 모든 의식에서 뛰어나 정말 정희가 죽었고 정말 정희의 홑이불 덮은 송장이 저 어머니의 우는 방 아랫목에 놓여 있는 것을 믿었다.

지배인은 안에서 울음소리 나는 것을 듣더니 복받쳐올라오는 비애를 못 견디는 듯이 힘있고 떨리는 목소리로,

"일복 군!"

하고서 한참이나 천장을 쳐다보더니 사나이 얼굴에 금치 못하여 흐르는 뜨거운 눈물방울이 두 뺨에 괴며,

"저 울음소리가 무슨 소리인지 자네는 아는가?"

일복도 고개를 숙이었다. 온 방 안은 순례자의 경건한 묵도를 올리는 듯한 엄숙하고도 신비한 침묵이 돌았다.지배인은 일복을 자기 자식같이 끼어안으며,

"일복! 나의 딸 정희는 갔네! 영원히 갔네! 전능하신 하느님은 우리 딸을 불러가셨네! 그러나 영과 육을 한꺼번에 찾아가셨네! 아! 일복 군! 내가 누구를 원망하고 누구를 허물하겠나! 그러나 간 사람의 고통과 비애를 나누어 차지할 사람이 남아 있는 사람 가운데 한 사람도 없는 것을 나는 더욱 서러워한다."

일복의 가슴은 떨리었다. 어떻게 그렇게도 나의 추상이 맞았는가? 그러면 정희가 과연 나로 인하여 죽었는가?

일복은 지배인의 점잖은 눈물을 보고서 자기도 아니 울 수가 없었다. 그의 눈물이 한 방울 두 방울 방바닥에 떨어지는 소리가 더욱 그의 신경을 으스스하게 자극한다.

일복은 그 때에 자기가 마음이 약한 자인 것을 다시 깨달았다. 그가 눈물을 흘리며 자기를 힘있게 끼어안는 정희 아버지의 뜨거운 살이 자기 몸에 닿을 때 그는 웬일인지 죄지은 죄수가 의외의 특사를 받은 듯이 눈물날 듯한 감격을 당한 동시에 또는 자기가 짓지도 않은 죄가 있는 듯이 그 무엇인지 알지도 못하게 뉘우치는 생각이 났다.

"일복 군!"

지배인의 목소리는 간원하는 정이 목이 메었다.

"정희는 죽었으나 자네는 나의 사위지? 그것을 자네가 허락지 않는다 하더라도 나는 그렇게 인정할 터일세."

일복은 방바닥에 엎드러졌다. 그리고 눈을 감고 엎드린 방바닥 밑 암흑 속에는 정희가 있다. 저 —— 멀리 영혼이 날아가서 자기를 본 체도 하지 않고 멀거니 앉아 있다. 일복은 그 정희를 웬일인지 다시 데려오고 싶도록 그리웠으나 그것은 할 수 없다고 단념할 때 그는 가슴이 죄도록 괴로웠다.

그리고 지배인의 묻는 말에 대하여 얼핏,

"네."

하고 대답을 하고 싶도록 모든 꿋꿋한 감정은 풀려 버렸다. 그러나 얼른 입이 떨어지지는 않았다. 그 때의 일복은 마음이 약하여지려는 자이었다.

그러다가 다시 그가 지배인의 얼굴을 쳐다보려고 고개를 들 때, 여전한 햇빛 여전한 현실이 그의 눈과 코와 눈과 귀와 또는 피부에 닿을 때, 그는 다시 풀렸던 감정이 다시 뭉치며 두 손을 단단히 쥐고 전신에 힘을 주었다.

그는 속으로 혼자 '아니지!' 하였다. '약자로부터 강자가 되려고 위대한 노력을 하는 자가 인격 있는 자가 될 수 있는 것이다.'

그는 눈물을 씻었다. 어린애 꾸지람 들을까 겁하여 남몰래 씻는 듯이 눈물을 씻고 시치미 떼는 듯이 얼굴빛을 고치고 바로앉았다.

그리고는 또 생각하기를, '나의 입아! 네가 나를 죄짓게 마라!' 하였다. 그리고 그의 심장을 속마음으로 가라앉히며 '너는 상함을 받은 염통이 되지 마라! 보기에도 지긋지긋한 푸르딩딩하게 상흔이 있는 마음이 되지 마라! 그리고 영원히 새 피가 돌고 뜨거운 피가 밀물 일듯 용솟음치는 심장이 되라! 깨끗한 심장이 되라!' 하였다.

── 눈물에 지는 자가 되지 마라! 자기의 영을 비애라는 여울에 던지는 자가 되지 마라! 탄식이란 폭풍우에 날려보내지 마라! 강한 자야지만 완전한 사랑도 할 수 있나니라!'

일복은 벌떡 일어서며,

"운명은 우리를 무가내하*라는 경지로 인도하였습니다. 운명은 진리를 말하는 대변자입니다. 운명처럼 정직한 가치표는 없습니다. 우리는 입이나 또는 형식으로써 그 가치표를 뜯어고칠 수는 없습니다."

<br>

## 11

<br>

집에 돌아온 일복은 쓸쓸히 빈방에 혼자 누웠다. 그러나 누르는 듯한 공포가 가끔가끔 공중에서 자기 가슴을 누르는 듯할 때 그는 다시 벌떡 일어나 앉았다. ── 아 아, 그 책임은 내가 가져야 할 것이지!

혼자 중얼거리는 그에게는 온 방 안이 자기 몸에 피가 때때로 타는 듯이 고조로 긴장할 때마다 암흑하게 눈에 비친다.

'그가 죽은 것이 과연 나의 잘못으로 인함일까?' 한참 있다가 다시 멀리 보이는 강물을 실없이 내다보다가, '그가 정말 나로 인하여 죽었다 하자! 그러면 그것은 무엇을 가지고서 나에게 그 책임을 질 만한 증거를 내세울 수가 있는가?'

그는 다시 초조한 감정을 내려앉히고서 아주 침착하고 냉정한 생각으로 그것을 순서있고 조리있게 해석하기 시작하였다.

일개 여성의 생명! 더구나 꽃같은 청춘 여자의 끔찍한 생명! 인생의 무한한 생의 관맥 중의 하나인 정희의 생명! 그 생명은 나의 이 생명과 조금도 다름없이 두 번 얻기 어렵게 귀한 생명이다! 그러면 그와 같

---

* 무가내하(無可奈何)  어찌할 수가 없음. 막무가내.

은 생명을 자기의 손으로 자기의 똑똑한 의식으로 죽음의 선언을 하고 또한 자기 자신으로서 그것을 집행한 그 생명 소유자의 고통! 그것은 얼마나 정 있는 자의 동정을 받을 만하였을까? 그 동정할 만한 고통의 동기가 나에게 있다 하면 다른 몇만 사람의 동정보다 더욱 많은 동정을 정희에게 부어 주어야 할 것이다.

그러고 보자. 내가 비록 정희의 몸에 손을 대거나 또는 흉기를 대어 죽인 것은 아니라 할지라도 또한 그의 생명을 빼앗으리라는 마음은 비록 먹지 않았다 할지라도 오늘의 그 결과는 어떠한가? 정희는 어떻든 죽은 것이 아닌가? 정희라는 여자가 자기의 생명이 끊길 만큼 원동적 원인은 나에게 없다 하더라도 그만큼 반동적 원인을 가진 자 되는 것은 면할 수 없을 것이다.

물론 내가 법률상으로는 죄를 면할 수 있고 또는 양심으로 보아서 내가 허물이 없지마는 인간성의 보배 중 하나인 인정으로 보아서 나는 그 책임은 면할 수 없을 것이다.

나 때문에 초민하고 나 때문에 고통하고 나 때문에 울고 또한 나 때문에 죽고 내가 있으므로 그의 인생이 의의 있을 수 있었고 또한 내가 있어 그의 생애가 능히 무가할 수 있는, 즉 내가 있으므로 그의 생이 죽고 살 수 있는 그를 오늘날 생명까지 끊게 한 나는 오늘에 이렇게 살아 있어 자기의 생을 누리고 또한 자기의 사랑을 사랑할 만치 무책임한 자이며 몰인정한 자일까? 자기의 생명을 귀중히 알며는 또한 남의 것도 그렇게 알아야 할 것이다. 그는 새로이 따가운 인정이 그의 전신을 따뜻하게 싸고 돌기 시작하였다.

그리고서 그전에는 그렇게까지 보기도 싫어하던 정희의 모든 것을 다시 불러내어 한 번 더 생각하고 한 번 더 만나 보고 싶도록 그리운 생각이 나기 시작하였다.

그는 최근의 그를 보던 때와 또는 최초에 그를 만나던 때를 번개같이 머릿속에서 중동을 끊어 영사하는 활동사진 필름같이 보았다.

그리고 어제 저녁 자기 앞에서 흘린 눈물방울이 떨어진 방바닥을 한 손바닥으로 쓰다듬어 보고, 또는 어저께 정희가 신 벗어 놓았던 마루 끝을 여전히 그 신이 있는 듯이 내려다보았다.

그리고 어제 저녁에 이 방문을 정희가 나갈 적에 나의 이 손이 한 번만 붙잡았더라면 오늘 그가 그대로 이 세상에, 더구나 나와 가까운 안 동읍에 살아 있을 걸!

하고서 문지방과 문설주를 만져 보기도 하였다.

그리고서 그는 다시 정희가 그 옆에 앉아서 자기 목소리를 들을 수 있는 듯이 '정희!' 하고 불러 보았을 때 그 '정' 하는 음의 종성인 'ㅇ' 음이 피아노의 '파' 음이 연하고 부드럽게 울려 나오는 듯하였다. 그래서 그는,

'정희! 정! 정!'

두어 번 거푸 혼자 중얼거렸다.

그러나 대답이 없고 다만 새파랗게 개인 공중에 두어 점 구름이 미끄러지는 듯이 서에서 동으로 흘러가는 것이 눈에 보일 뿐이다.

그러매 그는 고적한 듯한 생각이 나며 또는 여태까지 자기를 칭찬하고 숭모까지 하던 온 안동 전읍 사람들이 자기에게서 떠나 자기를 욕하고 비웃고 나중에는 저주까지 하는 듯이 생각이 들 때 그는 암야에 귀신 많은 산골을 지나가는 듯이 머리 끝이 으쓱할 만큼 무서움을 깨달았다.

그리고 자기를 누가 있어 두 어깨를 답삭 들어 천인절벽* 밑 밑없는 음부*에 내려 던지려고 지금 그 위에 번쩍 들고 있어 대룽대룽 매달린 듯하다.

그는 그러나 그 무서움 속에서도 억울함이 있었다. 몸이 떨리는 중에

---

* 천인절벽  천 길이나 되는 낭떠러지.
* 음부(陰府)  저승.

서도 그 비(非)를 반발하고 자기의 시(是)를 호소할 만한 정의를 주재하는 이를 찾아보고 싶었다.

그는 자기의 몸에서 우러나오는 두려움과 자기의 마음에서 솟아오르는 떨림을 어떻게 무엇으로든지 이길 것을 찾으려 애썼다.

그는 방에 들어앉은 것이 지옥에 들어앉은 듯하였다. 그래서 그 지옥을 벗어나기 위하여 밖으로 나왔다.

밖에 심은 푸성귀 향내. 저 쪽 우물에서 물길어 올리는 두레박에서 흐르는 물방울. 먼 산에서 바람에 춤추는 허리 굽은 장송. 빨래하는 못 속에 비친 촌녀의 불겅 저고리, 검은 치마.

그는 지옥에서 나왔다. 그러나 유열과 환락이 흐르는 천당에는 들지 못하였다. 태우는 몰약에 혼을 사르고 피우는 볼삼(bolsam) 에 영을 취케 하는 듯한 몽중에 들지는 못하였으나, 뱀의 혀끝에서 흐르는 듯한 독액을 빠는 듯하고 삼척 긴 칼 끝에 묻은 독약을 피 솟는 가슴에 받은 듯한 고통은 잊었다.

그는 발을 정처없이 옮겨놓았다. 그러나 가고 싶은 곳도 없고 오라고 하는 곳도 없었다.

새로운 공기와 향기로운 풀 내음새가 적이 초민에 타는 듯한 가슴을 문질러 줄 뿐이다.

—— 어찌할고? 내가 책임을 져? 진다 하면 어떻게 해야 할 것인가?

책임을 진다고 죽은 사람을 다시 살릴 능력이 없는 사람으로서는 그것을 단념하는 수밖에 없거니와 그렇지 않고는 무슨 다른 도리가 있을까? 그러면 정희가 나로 인하여 죽었으니 나도 또한 정희를 위하여 죽을까?

그것을 생각한 일복은 혼자 껄껄 웃으며,

'죽는다니 어리석은 일이지. 내가 생에 대한 집력이 강해서 그런 것이 아니라 그렇게 어리석은 희생자는 되기 싫어!'

그러면 또 무엇이냐? 나를 사랑하여, 즉 사랑을 위하여 자기의 몸을 바친 정희를 위하여서는 나는 사랑을 바치는 것밖에는 없지? 그렇지. 나의 목숨을 바치는 것은 어리석은 일이라 할지라도 나의 사랑은 바쳐야 할 것이다. 그러면 사랑을 바친다 함에는 다만 한 가지 길이 있을 뿐이다. 즉 소극적으로 내가 일평생 다른 여성을 사랑하지 않고 나의 정신과 육체로써 정희를 위하여 정조를 지켜야 한다는 것이다.

그는 길을 새 길로 취하였다. 초가집 담 모퉁이를 돌고 밭고랑을 지날 때 그는 자기의 그림자가 땅 위에 비쳐 있어, 자기를 따라오는 것을 보았다. 그리고는 또다시 '사랑은 생의 일부분이지!' 하면서 고개를 들어 저 쪽 영호루를 보았다. 그러자 그의 머리에는 또다시 양순이가 보였다. 그 양순의 자태가 자기 눈앞에서 춤추는 듯 환영이 보일 때 그는 또다시,

── 사랑은 죽음을 무서워하지 않을 만치 강한 것이다. 불이 나무에 붙을 수 있는 것이지마는 그 나무를 능히 불사를 수 있는 것같이 사랑도 생 있는 연후에 작렬할 수 있는 것이지마는 능히 그 생을 불살라 버릴 수 있는 것이다.

그 때 자기 어깨를 탁 치며,

"어디를 가시오?"

하는 사람이 있었다. 일복은 깜짝 놀라 뒤를 돌아다보았다. 거기에는 이동진이가 한턱 내라는 듯이 웃으며 서 있었다.

"어째 여기까지, 이렇게?"

하며 일복은 조금 주저하는 중에도 반가워 손을 내밀었다.

"네, 나는 일복 씨에게 좋은 소식을 가지고 왔습니다."

일복은 그 좋은 소식이란 양순과 자기 사이의 연담이 그 공을 이룬 줄로 추상되었을 때 그의 맥을 풀리게 하였다. 그래서 그는 반가운 표정도 보이지 못하고 도리어 침착하게,

"무슨 소식을요?"

"네, 반가운 소식입니다. 엄영록은 그것을 승낙하였습니다. 당장에 쾌락하였습니다."

"그러나 때는 이미 틀렸습니다. 내가 또다시 다른 여성을 사랑할 권리는 있지마는 나는 그 권리를 나로 인하여 죽은 여성을 위하여 내버리려 합니다."

이동진은 껄껄 웃었다. 그리고서는 일복에게,

"그것은 어째서요?"

하고 물었다.

"그것은 동진 씨도 아시겠지만 나는 나를 사랑하는 사람을 죽게 한 사람입니다."

이동진은 입을 크게 벌리며 또다시 웃더니,

"나는 알겠습니다. 정희 씨가 죽은 까닭이겠지요?"

일복은 남이 그 말을 하는데 너무 감정이 감상으로 변하여 눈물이 날 듯하였다. 그러나 억지로 그것을 참고서,

"네."

하고 먼 산을 보았다.

동진은 얼굴빛을 교회사*처럼 엄숙한 중에도 정이 어리게 하며,

"여보세요! 일복 씨! 정희 씨가 죽은 것이 당신으로 인하여 죽은 줄 아십니까? 물론 그 외면적 원인은 일복 씨에게 있을는지는 알 수 없으나 정희 씨 그이는 자기 자신의 사랑을 위하여 죽은 사람입니다. 그는 자기의 사랑을 완전하고 깨끗한 사랑을 만들기 위하여 죽은 것입니다. 지금 만일 그 정희 씨의 혼령이 있어 우리가 그 의견을 들을 수 있다 하면, 그는 당신에게 호소할 것도 없는 동시에 또한 원망도

---

* 교회사(教誨師) 잘 가르치고 타일러 지난날의 잘못을 뉘우치게 인도하는 사람.

없을 터이지요. 그는 옛날에 순교자가 폭군의 칼날도 무서워하지 않고 자기의 신앙을 위하여 죽은 것과 같이 자기의 사랑을 위하여 목숨도 아끼지 않은 것이지요."

일복은,

"그렇지만 내가 그 책임을 면할 수 없으니까요?"

동진은 다시 힘있게,

"그렇지요. 그 책임이 있다 하면 있겠지요. 그리고 없다 하면 또 없는 것입니다. 그러면 만일 일복 씨가 또다시 다른 여성을 사랑하지 않으신다 하시니 당신은 그 무가치한 인정 —— 이 경우에만 말씀입니다 —— 그것으로 인하여 일평생 당신은 사랑을 못하시겠다는 말씀입니까? 사랑을 하는 사람이어야만 이 세상에서 강자가 될 수 있는 것입니다. 사랑만큼 위대한 세력을 우리에게 주는 것이 또 없으니까요! 사랑은 생보다 적으나 온 생을 포괄하고 또한 지배할 수 있습니다. 마치 우리 인생이 우주의 일부분에 불과하나 능히 그 영으로써 온 우주를 포괄할 수 있는 것같이! 나는 적은 인정을 이겨 큰 사랑을 하시라 권합니다. 인정이 물론 우리 인류의 꽃이지만 사랑은 여왕입니다. 만일 신심 깊은 목사가 어떠한 매춘부를 위하여 눈물을 흘렸다 하면 그것을 동정이나 연민이라 할지언정 사랑이라 할 수는 없겠지요. 동정이나 연민으로 인하여 도리어 자기가 죄짓기를 원치 않을까. 일복 씨! 정희 씨는 정희 씨의 사랑을 위하여 순하였습니다*. 일복 씨는 또한 일복 씨의 사랑을 위하여 최후까지 강하게 나아가셔야 할 것입니다."

이 말을 들은 일복은 새로운 광명이 자기 앞에서 번득거리는 것 같았다. 그래 그는 동진의 손을 잡고서,

---

\* 순(殉)하다  목숨을 바치다.

"동정은 사랑이 아니지요? 나는 나의 사랑에 충실하여야 할 것이지요? 사랑을 하여야 참사람이 될 수 있겠지요? 우리 인간미를 영의 나라에서 참으로 맛볼 수가 있겠지요? 고맙습니다. 나는 그러면 지금에 잘못 길을 들려 할 때 동진 씨가 그것을 가르쳐 주심에 대하여 감사합니다."

동진은,

"아뇨. 천만에 말씀을 하십니다. 그러나 어떻든 나는 당신의 장래할 행복이 영원하기를 빕니다. 오늘 엄영록은 당신에게 행복의 문을 열어 놓았습니다."

## 12

일복은 그 이튿날 해가 떨어지려 할 때 양순의 물긷는 우물을 향하여 갔다.

어제 동진에게 엄영록이가 자기 누이동생 양순을 자기에게 허락하였다는 말을 듣기는 듣고 당장에 알고 싶은 마음이 생기기는 하였으나, 한 옆으로 부끄러웁고 또 한 옆으로 점잖은 생각이 나서 그 날 바로 가지는 못하고 오늘 하루종일 주저하다가 겨우 해 떨어지려 할 때 그 우물에 가서 기다리고 있었다. 물론 집에서 떠나기는 오정 때나 되었으나 공연히 빙빙 돌아다니느라고 그 날 해를 다 보내었다.

그는 우물 옆에 서서 오리라고 기대하는 양순을 기다릴 때 이슬같이 흐르는 반웃음이 입 가장자리에 돌아 보는 이의 단침을 삼키게 할 듯하였다. 그리고 또는 고대하는 가슴이 따갑게 타서 불난 곳에 화광이 하늘에 퍼지는 것같이 그의 가슴의 불길이 하얀 피부 밑으로 살짝 밀렸을 그의 용모는 술 취한 신랑같이 보였다.

그는 북국의 회색 천지에서 석죽색 공중에 연분홍 정조가 떠도는 남국에 온 것같이 껴안고 뒹굴 만치 흘러 넘치는 희열이 도리어 그를 가슴이 두근거리도록 흥분시키며 입에 윤기가 흐를 만치 오감에 감촉되는 모든 것을 껴안고 입맞추고 싶었다.

그는 우물에 허리를 구부리고 물 한 두레박을 퍼먹었다. 그러고 나니까 흥분되었던 것이 조금 가라앉았다.

사람의 기척만 나도 그 쪽을 보고서 속으로,

── 오는가?

하다가 아니 오면 무참히 고개를 돌리기를 몇 번이나 하였는지, 어떤 때는 벌떡 일어서려다가 다른 곳을 보고서 군소리까지 한 일이 있었다.

사면은 조용하다. 저 쪽 포플러 그늘 속으로 대구서 오는 자동차가 읍을 향하여 달아나고는 또다시 무엇으로 탁 때린 듯이 조용하다.

멀리서 저녁 짓는 연기가 공중으로 오르지 않고 땅 위로 기어간다. 아마 비가 오려는가 보다.

그러나 양순의 그림자는 볼 수 없었다. 일복은 우물 옆 잔디 위 넓죽한 돌 위에 다리를 꼬고 앉아서 양순의 집을 머릿속으로 보고 앉았다. 양순의 오라비 엄영록은 무엇을 하는가? 마루 위에 벌떡 드러누워 아리랑 타령을 하지 않으면 땔나무를 끌어들이렷다. 양순의 어머니는 무엇을 하는가? 부엌에서 솥뚜껑을 열어 보고서 옆에서 가로거치는 개란 놈의 허구리를 한 발 툭 차며 '이 가이!' 하고 소리를 지르렷다. 그러고 보자, 양순은 지금 마루 끝에 내려섰다. 그러면서 혼자 속마음으로 '오늘도 또 그이가 안 왔으면 어떻게 하노? 그가 와 있었으면 좋으련만.' 하면서 툇마루 위에 놓았던 또아리를 휘휘 감아 가리마 어여쁘게 탄 머리 위에 턱 얹고서 허리를 굽혀 물동이를 이렷다. 그럴 때 그만 잘못 또아리가 비뚤어지니까 그 옆에 있던 오라비더러 그것을 고쳐 놓아 달라고 두 팔로 물동이를 공중을 향하여 번쩍 들고 있으렷다. 그러면 오라비는 자기 누이 곁으로 와서 그 또아리를 바로 놓아 주면서 자기 누이가 새

삼스럽게 어여쁘기도 하고 또 이 나하고 혼인할 것을 생각하매 아주 좋아서,

—— 저것이 시집을 가면 흉만 잡힐 터이야. 또 쫓겨나 오지 않았으면 좋겠지만! 쫓겨오지, 쫓겨와! 애, 양반 남편 섬기기가 어떻게 어려운데 그러니?

하며 놀려먹으면 양순은 얼굴이 그만 빨개져서 물동이를 내던질 만치 부끄러워 저의 오라비에게 달려들며,

—— 에그, 난 싫어. 오라버니두, 그럼 난 물 안 길러 갈 테야.

하다가 그래도 나를 못 잊어 문 밖을 나서렷다. 지금 나섰다. 그리고 걸어온다. 지금 오는 중이다.

일복은 혼자 눈을 감고서 머릿속에서 양순의 걸음 걸어오는 것을 하나 둘 세고 있다. 그리고 지금쯤은 그 수양버들 나무 밑을 걸어오렷다. 지금은 밭이랑을 지났다. 그리고 지금은 바로 요 모퉁이 돌아섰다. 양순은 지금 나를 보면서 이리로 온다. 왔다. 이만하면 눈을 떠야지. 이 눈을 뜨며는 양순이 바로 내 앞에 있을 터이지.

일복은 눈을 떴다. 정말 양순이 서 있다. 그러나 저를 보고서 '악' 하고서 희롱삼아 깜짝 놀라며 가만가만 상글상글 웃으면서 오는 것이 아니라, 그는 돌아서서 울고 있었다.

이게 웬일이냐? 일복은 벌떡 일어나서 양순의 등 뒤로 가서,

"왜 그래?"

하며 두 어깨를 껴안을 듯이 두 손으로 쥐었다.

그러나 양순은 자꾸 울고 있을 뿐이다.

"왜 울어, 응?"

일복은 귀 밑에서 소곤거려 물었다.

그래도 말이 없다.

"말을 해야지?"

일복은 두 어깨를 재촉하듯이 흔들었다. 그 때야 겨우 울음 섞인 목소리로,

"아녀요."

"아니라니, 집에서 꾸지람을 들었나?"

"아뇨."

"그럼 무엇을 잘못한 것이 있나?"

"아녀요."

"그럼 내가 오지 않아서 그래?"

"그것도 아녀요."

"그럼 무엇이야?"

양순은 눈물을 두 뺨 위에 흐르는 채 그대로 내버려 두고서 긴 한숨을 쉬더니 일복을 바라보며,

"여보세요."

그의 목소리는 아직까지 보지 못하던 애수가 뭉쳤었다.

"왜 그래?"

일복의 감정은 이유없이 양순의 애수에 전염되어 그도 울고 싶었다.

"당신은 양반이지요?"

"그게 무슨 소리야."

"저는 상사람의 딸입니다."

일복은 속으로 껄껄 웃었다. 그러나 양순은 말을 계속하여,

"저를 생각하시는 것은 도리어 당신 명예나 신상에 이롭지 못합니다. 저를 잊으시는 것이 도리어 당신이 저를 생각하여 주시는 정이에요. 오늘부터 저를 잊어 주세요."

일복은,

"그게 무슨 소리야. 양순이가 없으면 내가 없는데 나는 어디까지든지 양순을 잊을 수는 없어. 내가 잊지 않으려는 것이 아니라 잊어지지

않는 것을 어찌하나?"

"여보세요, 나는 당신을 섬길 마음이 간절하지마는 저는 내일…… 아녀요. 저는 당신을 섬길 몸이 못 되지요. 너무 천한 몸이에요."

양순은 내일이라는 말을 하다가 다시 말을 고쳐 하였다. 이 말을 들은 일복은 의심이 생기어,

"무엇이야, 내일 어째?"

양순은 이 말을 듣더니 눈물이 새로이 떨어지며 울음이 복받쳐올라온다.

"여보세요? 당신은 저를 참으로 생각하시지요? 그러면 저를 데리고 어디로든지 가 주세요. 저는 내일 돈 백 원에 팔려가는 몸이에요. 우리 어머니는 돈 백 원에 나를 장돌뱅이에게 팔았어요. 그래서 내일은 그 장돌뱅이가 와요."

"무엇?"

일복의 몸과 혼이 한꺼번에 떨리기 시작하였다. 일복의 가슴에 몸을 기댄 양순의 몸까지 부리나케 떨린다.

"정말야?"

일복은 다시 물었다. 그러다가는 양순의 귀 밑에 입을 대고,

"거짓말이지? 응?"

그것이 거짓말이지 참말일 리는 없었다.

"거짓말이지? 거짓말?"

"왜 거짓말을 해요?"

일복은 두 주먹을 불끈 쥐고 눈에서 형광 같은 불빛이 번쩍이며,

"여! 금수! 독사다! 내가 그런 짐승들을 그대로 둘 수는 없다. 자기 딸의 살과 피를 뜯어먹고 빨아먹는 귀신이다. 에! 그런 것을 그대로 두어?"

그는 당장에 그 쪽으로 향하여 가려 하였다. 그가 힘있는 발을 한 걸

음 내놓았을 때,

"왜 이러세요."

양순은 일복의 팔을 붙잡았다.

"우리 오라버니는 황소 하나를 드는 기운을 가진 이에요. 당신이 가시면 당장에 큰일나세요."

"아냐. 내가 가서 그까짓 것들은 모조리 처치를 할 터이야."

"가지 마세요. 글쎄 어떻게 하시려고 그러세요."

일복은 아무 말 없이 한참 먼 산만 바라보고 있었다. 양순은 한참 있다가,

"여보세요! 저는 당신의 몸이지요?"

"왜 그것을 거퍼 물어?"

"글쎄 대답을 하세요."

"그래."

"그러면 저를 죽이시거나 살리시거나 그것은 당신에게 달렸으니까 저를 어디로든지 데불고 멀리 가 주세요."

"어디로?"

"어디로든지."

"죽을 때까지?"

"죽어도 좋아요. 당신과 같이 죽으면……."

양순은 일복의 허리에 착 감기며 잠깐 바르르 떨더니,

"여보세요, 나는 결심했습니다. 저의 한 가지 길은 그것밖에 없어요."

일복의 마음은 무엇으로 부수려할지라도 부술 수 없이 단단하여졌다. 온 우주의 정령과 세력의 정화가 그의 가슴에 엉키어 만능의 힘을 가지게 된 듯하였다. 그리고서 형광 같은 신앙의 불길이 그 앞에서 붙으며 최대의 세력이 그 전관능을 지배하는 듯하였다.

"나도!"

그의 부르짖음은 굳세었다. 그리고 투사가 모자(gage)를 던진 그 찰나와 같이 아무 세력도 그의 의지를 움직일 수는 없었다.

"그러면!"

일복은 말을 꺼냈다.

"오늘 저녁에라도 달아날까?"

"네!"

양순은 몸을 턱 일복의 팔에 실리면서 대답하였다.

"저를 저기서 해가 넘어가는 저 산 뒤까지라도 데려다 주세요. 그리고 언제든지 같이 가세요. 저는 당신이 계실 때는 조금도 무서운 것이 없으나 당신이 없으시면 무서워 죽겠어요."

"그러지, 그래. 어디든지 데리고 가지. 같이 가고 같이 살고 같이 죽지! 응?"

양순은,

"네."

하면서 고개를 숙였다.

일복은 벌개진 서천*을 한탄 있는 눈으로 한참 바라보다가,

"그렇다, 그렇지!"

하며 손뼉을 탁 치더니,

"옳지, 옳아."

하며 무엇을 혼자 깨달은 듯이,

"이것 봐! 그러면 좋은 수가 있어! 만일 어머니에게 내가 돈 백 원을 주면 고만이지! 그렇지? 그래그래, 그러면 고만이야. 자, 오늘 그러면 어머니에게 나는 의논을 할 테야."

---

* 서천(西天) 서쪽 하늘.

양순은,

"글쎄요. 그러나 그렇게 많은 돈을 가지셨어요?"

"그거야 어디 가서든지 변통을 하여 오지! 그것은 염려없어. 그러나 그것을 저 쪽에서 물러 줄는지가 의문이지."

"그러면 우리 두 사람이 멀리 가지 않아도 괜찮지요?"

"그거야 말할 것도 없지!"

"정말요?"

"그럼."

양순은 눈물방울을 방울방울 눈썹에 달고서 좋아 못 견디어 나오는 웃음을 웃으면서,

"그러면 저는 공연히 울었어요."

하고 두 손등으로 눈물을 씻었다.

## 13

일복은 집으로 돌아오는 길에 또다시 이동진을 만났다.

"아, 그런데 어떻게 된 일입니까?"

일복은 인사도 없이 댓바람에 물어 보았다. 동진도 그 말을 알아들은 듯이,

"허, 참 일이 우습게 되었습니다. 그렇지 않아도 만나 뵙고 그 말씀이나 여쭈려고 지금 댁에를 다녀오는 길입니다."

일복은 주춤하고 서서,

"글쎄 그런 일이 어디 있습니까? 돈 백 원에 일직 사는 장돌뱅이에게 팔어먹었다니, 그런 비인도의 짓이 글쎄 어디 있습니까?"

하고서 상을 찌푸리고 고개를 내돌린다.

"글쎄요. 저도 그 말을 오늘에야 듣고서 퍽 분개하였습니다. 그런 죄

악의 짓을 하고도 부끄러움을 모르니 짐승이 아니고 무엇이에요?"

하고서 동진은 손에 들었던 사냥총을 다시 어깨에 메고서,

"이번 일은 제가 퍽 미안하게 되었습니다. 그 내용인즉 이렇습디다그려. 엄영록은 자기 어머니가 자기 딸을 팔어먹은 줄 알지 못하고서 나에게 그와 같이 승낙을 하였다가 그 날 자기 집에 가서 어미와 의논을 하여 보니까 어미 말이 그와 같은 일이 있으므로 할 수 없다고 하더랍니다. 그 어미 말이 그 돈 백 원이라는 것도 그 어미가 그 장돌뱅이 놈에게 거진 이백 원 돈의 빚이 있는 것을 얼마간은 탕감해 주고 그 딸을 백 원에 쳐서 데려가는 것이랍니다그려. 어떻든 언어 도단이지요. 말할 것도 없지마는 그 어미가 나쁩니다. 그래서 나는 그 어미도 알고 또는 어미도 내 말이라면 웬만한 것은 듣는 터인고로 오늘 일복 씨하고 같이 가서 직접 말이라도 해 보고 만일 돈이라도 달라면 좀 안되기는 하였습니다마는 돈이라도 주시지요."

일복도,

"그러지요. 돈이야 주려면 주겠지요마는 어떻든 일이 잘 되었으면 좋겠습니다. 동진 씨가 많이 진력하여 주실 줄만 믿습니다."

"힘을 써 보지요마는, 무얼 그런 것들은 돈만 주면 고만이지요. 그저 돈여요, 돈."

하며 동진은 손가락을 동그랗게 만들어 내흔든다. 일복의 마음에도, 그렇지, 돈만 많이 주어 보아라. 저의 입들이 딱 벌어질 터이니. 그놈이 백 원 주면 나는 이백 원 주지. 그래도 싫달라구? 그러나 돈으로 애인을 산다는 것은 부끄러운 일인걸! 그러나 아냐. 결함 많은 세상에서 살려는 우리의 임시 권도지!

"그러면 이따 저녁 잡순 후에 우리 같이 가십시다. 아니 우리 집 가서 저녁을 같이 잡숫고 그리고 같이 가십시다."

하며 동진의 팔을 끌어당기었다.

"아녀요. 집에 가서 먹지요."

"같이 가세요. 우리 집에도 밥 있습니다. 밥 없을까 보아서 그러세요? 하하."

두 사람은 일복의 집으로 가기로 정하였다.

얼마 가다 동진은 어깨에 메었던 사냥총을 보이며,

"이것 좋지요? 어저께 허가가 나왔어요. 그래서 내일은 사냥을 좀 해 볼까 합니다."

"그것 참 좋습니다그려. 얼마 주셨어요?"

"××원 주었어요. 제가 학교 다닐 때 어떤 선생님에게 총 놓는 법을 한 일 년간 배운 일이 있지요."

"그러면 퍽 잘 놓으시겠습니다."

"무얼요. 잘 놓지는 못하여도 대강 짐작은 합니다."

"이것으로 사람을 놓으면 죽지요?"

"죽고말고요. 바로 맞으면 죽습니다."

"그러나 몇 방이나 나갑니까?"

"오연발에요."

일복은 그 총을 빼앗아 들고서 한 번 노려보더니,

"저도 대구 있을 때 일본 사냥꾼의 총을 두어 번 놔 본 일은 있지요. 그러나 겁이 나요. 하지만 총이란 위태한 것인 까닭에 가까이하는 것이 좋지는 못하지요. 어떻든 사람의 감정이라는 것은 알 수 없는 것이 되어서 웬만큼 자제력 있는 사람이 아니면 무슨 짓이든지 하니까요."

"그래요. 그러기에 조선에도 성미가 급한 사람이 주머니칼을 아니 가진다는 말이 있지 않습니까?"

"그러므로 저는 사람을 죽이는 것도 거의 다 그 자제력 없는 데서 나는 것이라 합니다. 그러나 감정을 누를 만한 자제력을 가진 사람이

어디 있습니까? 감정은 피도 생명인데 더구나 사랑으로 인하여 사람을 죽였다 하면, 즉 자기의 원수를 죽였다 하면 그것은 얼마간 동정할 만한 일이라 할 수 있을 것 같아요."

하다가,

"고만두십시다, 그까짓 이야기는. 우리 관에 가서 쇠고기나 한 근 사고 술집에 가서 술이나 몇 잔 받아 가지고 가십시다. ……그러나 그 돈을 준비하실 수가 있습니까?"

일복은 속에 예산하기를 의성 고운사에 있는 김우일에게 그와 같은 사정을 하지 않고라도 자기가 급히 쓸 데가 있으니 얼마간 보내라 하면 그만한 것은 즉시 보내 줄 줄을 믿는 터이므로 그렇게 하기로 하고서,

"그거야 되지요. 어떻게 하면 그거야 못되겠습니까?"

"만일 없으시면 저라도 변통하여 드리지요."

두 사람은 밥을 먹었다. 일복은 먹을 줄을 모르는 술을 동진의 강권에 못 이겨 석 잔이나 먹었다. 얼굴이 빨개지고 숨소리가 잦았다. 그리고 온 세상이 팽팽 내둘리고 어질어질하면서도 그의 감정이 흥분되어 앞에 무서운 것이 별로 없고, 유쾌함이 한이 없다. 그래서,

"여보, 동진 씨!"

아무리 똑똑히 한 말이라도 자꾸 헛나간다.

"그까짓 년을 그래 그대로 둔단 말이오?"

동진은 껄껄 웃으며,

"여보, 술 취했소. 정신차리시우."

"술이 취해요? 예 여보시우. 그까짓 술에 취해요."

하고서는 머리를 짚으며,

"어, 머리 아파."

한다.

"큰소리는 고만하시우. 당장에 머리가 아프다면서 그러십니까? 자,

어서 갈 곳이나 가 봅시다."

"가지요! 자, 이번 일은 꼭 동진 씨에게 있습니다. 만일 듣지를 않으면 그런 짐승 같은 것은 죽여 버리지."

"사람을 죽여요? 그것은 죄 아닌가요?"

"그것이 어디 사람인가요? 짐승이지요. 짐승을 죽이는 것이 죄예요?"

"그럼 죄가 아녀요? 요새 사냥 규칙을 좀 보십시오. 팔자가 사람보다도 좋은 짐승이 어떻게 많은데 그러십니까?"

"네, 보호받는 짐승들 말씀이지요. 그래요. 짐승도 마음이 곱고 모양이 어여쁘면 대접을 받아요. 그러니까 사람은 동물 아닌가요? 그저 짐승만 못한 것은 일찍 죽여 버리는 것이 도리어 양순 씨를 보호하는 가장 좋은 방법이지요."

이렇게 실없는 말 섞어서 무엇이라 떠들더니 구두를 신으려고 마루 끝에 내려서려 하다가 다리가 헛놓여서 고만 주저앉았다. 이것을 본 동진이가,

"글쎄 이게 무슨 짓이요, 그렇게 취하셨소?"

"아녀요. 취하기는 취했어도 정신은 까딱 없어요."

동진은 세워 놓았던 사냥총을 집으며,

"이것을 어떻게 할까? 가지고 가자니 안되었고."

일복은,

"이리 주세요. 내 방에 두세요. 내일이나 이따가 찾아가시지요."

"그렇지만 위험합니다."

"위험하기는 누가 어쩌나요?"

"그러나 탄환을 아까 장난하느라고 다섯 개를 넣었다가 한 개를 쓰고 네 개가 남았는데요."

"괜찮아요. 나도 그만한 주의는 하는 사람이랍니다. 염려 말고 자, 내

방에 두세요."

하고, 일복은 총을 방에 들여다 세우고 나왔다.

## 14

의성이라 고운사다. 울울창창한 대삼림이 제철형으로 등을 껴안아 고개를 돌려 쳐다보면 높이 뜬 솔개가 그 중턱에서 배회한다. 절 옆으로 흐르는 잔잔한 시내 소리는 숲 속에서 울려 나오는 자규의 소리와 이리저리 얼키어 한아한 정조에다 새긴 듯한 무늬를 놓는다. 가운루 옛집이 구름을 꿰뚫지는 못하였으나 천여 재 시일을 구슬 꿰듯 하였고, 최 고운 선생의 목소리는 들을 수 없으나 그의 발자취를 고를 수 있는 듯하다.

여기 온 지 며칠이 되지 못한 김 우일은 사무실 뒷방에 혼자 누웠다. 너무 고요한 것이 피부를 간지럽게 문지르는 듯하다. 저 쪽 선방에서 참선하는 소리가 가끔가끔 그 간지러운 정적을 긁어 줄 뿐이다.

우일은 혼자말로,

―― 이상하다!

하고서는 벌떡 일어났다.

―― 오늘 저녁에는 다시 한 번 나가 보리라!

할 즈음에 그 절 주임의 대리를 보는 중 하나이 앞 복도를 지나다가 우일을 보고서 합장하고 와 앉는다. 얼굴빛은 자둣빛같이 검붉으나 건강하다는 것을 유감없이 나타내며 미목이 청수하여 그의 천분을 읽을 수 있다. 그가 웃음지으며 말을 꺼낼 때에 하얀 이가 사람의 마음을 잡아 당긴다.

"심심하시지요?"

그는 꿇어앉아 친절하게 물어 본다.

"네, 조금 무료합니다. 그러나 퍽 좋습니다."

"무얼 좋을 거야 있겠습니까마는 속계보다야 조금 한적한 맛이 있지요."

"조금뿐이 아니라 퍽 많습니다. 이런 데서 살며는 늙지를 않을 것 같습니다."

"네. 헤헤, 그렇습니다. 건강에 관계가 조금 있지요."

우일은 화제를 돌리어,

"그런데 이 절에 모두 몇 분이나 계십니까?"

"몇 사람 안 됩니다. 한 이십여 인밖에."

"여자라고는 하나도 없겠지요?"

그 중은 시치미나 떼는 것처럼,

"없습니다."

하니까 우일은 의심쩍은 듯이,

"네."

하고서는 멀거니 서 있다. 그러니까 그 중은 할 말이 없어 군이야기처럼,

"안동읍에 가 보신 일이 계신가요?"

"한 두어 번 가 보았지요. 거기에는 나의 절친한 친구 한 사람 있어서요."

"네, 그러세요. 누구십니까요?"

"네, 지금 은행에 있는 유일복이라는 사람이에요."

이 말을 들은 중은,

"유일복 씨요!"

하고 고개를 갸웃하고 무엇인지 한참 생각하다가,

"그의 본댁이 의성이지요?"

"네, 바로 우리 집하고 가깝습니다."

김우일은 이 중도 그러면 혹시 유일복을 짐작하는가 하여,

"그것은 어떻게 아십니까?"

"네, 알 만한 일이 있어요. 들으니까 그이가 은행 일을 고만두었다나 보아요."

김우일은 깜짝 놀라는 듯이,

"그럴 리가 있나요?"

"아니올시다. 고만두었습니다. 그럴 사정이 있어요."

김우일은 속마음으로 일복 사정은 나같이 자세히 알 사람이 없는데 내가 모르게 일복이 은행 일을 그만두었다니 네가 잘못 알았다 하는 듯이,

"아마 똑같은 이름이 있는 게지요."

하니까 그 주지 대리는,

"그러면 우일 씨 아시는 그 어른이 저 아는 그이가 아닌 게지요."

"그렇지만 안동 은행에는 유 성 가진 이가 그 사람밖에 없는걸요."

"그러면 정희라고 아십니까?"

"은행 지배인의 딸 말씀입니까?"

"네, 네. 바로 맞았습니다."

"알고말고요. 그이가 유일복과 정혼한 이죠."

"바로 맞았습니다. 네, 네."

주지 대리는 한숨을 후 쉬더니,

"참 가엾은 일에요."

하고 고개를 숙인다.

우일은 무슨 가탄한 일이 일복과 정희 사이에 생겼는가 하여,

"무슨 일이오?"

하니까 그 중은,

"말씀할 것까지는 없습니다마는……가엾어요."

우일은 궁금증이 나서 무슨 일인지 어떻게 해서든지 알아보려고,

"무슨 일인지 알으켜 주십쇼그려. 궁금합니다. 그렇지 않아도 요사이 그 사람의 소식을 듣지 못해서 궁금하던 차인데요."

"네, 일복 씨하고 그렇게 친하시다 하고 또 우일 씨를 신용하는 까닭에 말씀은 하겠습니다마는 정희 씨가 일전에 돌아갔지요."

이 말을 들은 우일은 자기의 동생의 죽음을 들은 듯이,

"네? 죽어요?"

중은,

"네."

하고서 점잖게 고개를 숙이고 눈을 감으며 입 속으로 중얼중얼 염불을 하였다.

"어떻게 하다가요? 병이 났었든가요?"

우일은 바싹 달라붙어 앉았다.

"아니지요."

그 중은 다시 점잖게 고개를 내흔들더니,

"물에 빠졌지요."

하며 입맛을 다셨다.

우일은 중의 얼굴을 무엇이 나오는 것을 기다리듯이 한참 들여다보았다. 그리고 여태까지 민틋한 얼굴에 윤기가 번쩍거리고 그야말로 영광이 있는 듯하더니 지금 자기가 속마음에 어제 저녁 자기가 변소에 갔을 때에 이 절에는 여자가 하나도 없다는 데서 여자를 본 것과 또는 그 여자가 정희와 똑같은 것을 본 것을 생각하고서 그 중의 얼굴을 보니까 그 윤기와 영광은 어디로 사라지고 짐승의 털 같은 검은 수염과 사자 입 같은 길게 째진 입과 이리의 욕심 많은 눈 같은 두 눈이 보일 뿐이다.

아무리 신심 깊다는 승·목사 등 여러 종교가에게 대하여 착실한 신임을 하지 못하는 우일은 속으로 '너도 사람인 이상에야 죄를 안 짓고

는 어디가 가려워서 못 견디는 모양이로구나?' 하였다.

　우일은 얼굴빛을 다시 냉정하게 고치고서,

"어째 그랬을까요?"

"그것은 그 유일복 씨 까닭이지요. 그이가 아마 마음을 주지 않았든 모양이에요."

"네."

　우일은 대답할 뿐이다.

15

　그 날 밤 한 시나 되었다. 우일은 문을 살며시 열었다. 그리고 조심스럽게 문을 나섰다. 복도로 가만가만 걸어서 옆의 방을 들여다보니까 주지 대리가 코를 골며 자고 있다. 시커먼 먼 산에 바람이 쏴 할 때에는 그 무슨 대신이 달음질하는 듯하다. 우일은 회랑을 돌았다. 대웅보전이 점잖게 앉아 있는 앞뜰을 지났다. 주방을 지나 다시 마당에 나왔다. 이쪽 선방에서는 이야기 소리가 들리더니 뚝 그친다. 우일도 멈칫하고 서 있었다. 그리고 다시 이야기 소리가 나기를 기다려 다시 걸어갔다. 맨 끝 방을 돌았다. 그리고 뒷방 문 앞에 와 섰다. 백지로 다시 바른 미닫이에는 머리카락 날신날신하는 양, 머리가 비쳤다 말았다 한다. 우일은 숨소리를 죽이고 마루 위로 올라섰다. 찬바람이 쏴아 불어 잔등이를 으쓱하게 할 제 그는 미닫이 틈에 한 눈을 대고 방 안을 들여다보았다.

　불빛이 어룽대어 그 방 안에 앉은 여자의 얼굴이 선명히 보이지 않고 윤곽의 곡선이 자로 변한다. 그 여자는 무슨 책인지 펴놓고 앉아서 보는지 마는지 십 분이 지나가도 책장 하나 넘기지 않는다.

　우일은 속으로,

── 분명히 정희는 정흰데.

하며 더욱 똑똑한 증거를 알기 위하여 자기가 삼 년 전에 대구서 만날 때의 기억을 꺼내어 그것과 지금 방 안에 앉아 있는 실물과 대조하기를 시작하였다. 댕기를 드렸을 때에 본 정희가 지금 머리를 튼 때와 똑같을 리는 없지마는 어떻든 많이 같은 곳이 있다. 눈초리에 눈썹이 조금 숱해서 사람의 마음을 끌게 된 것, 코가 어여쁜 것, 입이 조그마한 것, 두 뺨이 불룩한 것, 가끔 가다가 고개를 까땍까땍하는 버릇까지 꼭 정희다.

그러면 저 정희가 무엇 하러 자기 부모와 또는 일복까지 내버리고 이런 절에 외로이 와 있는지? 정말 주지 대리의 말과 같이 죽었다 하면 여기에 와 있을 리도 없을 뿐더러, 그렇다고 죽지 않은 정희를 옆에다 두고 죽었다고 거짓말을 했을 리는 없겠는데 내가 아마 잘못 보고 그러지나 않는지? 똑같은 여자가 있는 것을 잘못 보고 그러지! 그렇지만 어떻든 나이 젊은 여자가 여기 혼자 와 있는 것은 무슨 곡절이 있는 것이다. 아니 한양*을 하러 와 있는 것인가?

우일은 한참 의혹에 싸여 멀거니 서 있으려니까 방 안에서 가늘게 기침하는 소리가 나더니 부시시 일어나는 소리가 난다. 우일은 깜짝 놀라 담모퉁이에 가서 숨었다.

방문 소리가 나더니 그 여자는 신을 신고 마당으로 내려섰다. 그는 마당 한복판에 한참 섰다가 다시 두어 번 사면을 둘러보고서 샛길로 아래 시내를 향하여 내려간다. 우일도 나무 사이에 몸을 숨겨 쫓아 내려갔다.

저 아래서 차르럭차르럭 손 씻는 소리가 나더니 또 얼굴 씻는 소리가 난다. 우일은 그 여자가 앉아서 수건을 적시는 바로 옆 나무 뒤에 숨어 섰다. 그 여자는 얼굴을 씻고 손을 씻은 뒤에 다시 일어서 멀거니 섰더니 고개를 숙이고 한숨을 쉬며 나무 사이에서 반짝거리는 별을 쳐다보고서 그 별을 껴안을 듯이 두 팔을 벌려 한껏 내밀었다가 다시 끌어들

* 한양(閑養) 한가로이 몸과 마음을 안정하여 휴양함.

이며,

　"아아."

하고 옆의 사람에게까지 들리도록 소리를 내어,

　"저는 아무도 원망하지 않고 또 아무것도 부끄러울 것이 없습니다. 저는 다만 하느님이 하라시는 대로 할 뿐입니다. 저의 생명을 하느님께 바쳤습니다."

하고서 한참 있다가 다시,

　"하느님! 그러나 저는 그이를 사랑합니다. 저의 피와 저의 생명은 그를 위하여 있습니다. 저는 그를 위하여 그의 제단 위에 저의 흠 없는 사랑을 바치려 합니다."

　그리고서는 고개를 숙이고서 훌쩍훌쩍 우는 소리가 들린다. 너무 감격함은 자기 스스로 자기를 울게 하였다.

　—— '그이!' 그이가 누구일까?

　우일은 '그이'가 알고 싶었다.

　'그이가 일복이가 아닌가?'

　그러면 저 여자는 필연 실연자인 듯한데 그 대상 되는 사람은 누구인가?

　소나무 위에서 이슬이 가끔가끔 머리 위에 떨어질 때마다 척근척근한 것이 흐릿한 감정을 청신하게 하는 동시에 어디선지 자기 몸뚱어리에서 용기가 나는 듯하다.

　그는 혼자 속으로,

　—— 물어 봐?

하다가도 그 냅다 나오는 감정을 참고서,

　—— 아니지! 만일 말을 꺼냈다가 정말 저 여자가 정희가 아니면 어떻게 하게. 정희라 할지라도 나를 못 알아보면 어찌하노? 그렇지. 내일 자세히 알아본 뒤에 하자!

하고서 다시 나무 등 뒤로 서 그 여자의 행동만 살펴본다.

가끔가끔 나뭇잎 사이로 스쳐 지나가는 바람이 가늘게 떨 때 우수수 소리가 너무 고요함을 조금씩 조금씩 깨뜨린다.

그 여자는 대리석으로 깎아 세운 여신상처럼 한참이나 멀거니 서 있더니 몸을 잠깐 뒤로 틀어 고개를 돌리더니 올라갈까 말까 하는 듯이 주저주저하다가 다시 그 자리에 서 있다. 흰 옷 입은 그의 흐르는 듯한 몸맵시가 새까만 암흑 속에 서 있으니 시내에서 솟아오른 정령의 화신 같이 보인다. 그러고서 몸짓을 잠깐씩 할 적마다 치마저고리의 주름살이 살근살근 울멍줄멍할 때 주름살의 음영이 이리 변하고 저리 변하여 휘둘리는 곡선이 희었다 검었다 한다.

그 여자는 다시 두 손을 맞잡고서,

—— 그만 올라갈까?

하고서 내려오던 비탈로 다시 올라갈 때 그는 입속으로 혼자말로,

—— 나는 살았으나 죽은 사람이지? 그렇지! 언제든지 일복 씨가 나를 생각지 않으시면 나는 죽은 사람이나 마찬가지니까.

할 제, 이 소리를 들은 우일은,

—— 응? 무엇야? 일복?

하고 속으로 놀라면서,

—— 그러면 정말 정희인가?

할 제, 그 여자는 다시,

—— 이이는 나를 여기다 혼자 맡겨 두고 어디를 가서 여태 오지 않는고?

하다가,

"그렇지. 나는 어디로든지 그 여승이 가자는 대로 가겠지만 일복 씨는 이렇게 내가 살아 있는 줄 모르시고 죽은 줄만 믿으시렷다! 그렇지. 그렇게 아시는 것이 일복 씨에게는 도리어 좋으실 터이지!"

우일은 알았다. 그 여자가 분명히 정희인 것을 알았다. 그래서 당장에,

"정희 씨, 무엇요?"

하려다가, 그래도 그렇지 않아서 가만히 그 여자의 뒤를 쫓아 너른 마당 한가운데 왔을 때, 그는 가늘게 기침을 하여 인기척을 내었다. 별은 공중에 총총히 박히었고 시커먼 숲은 사면에 둘러 있었다.

"에고!"

하고 자지러지는 듯이 놀란 그 여자는 뒤를 한 번 돌아다보고서 누가 자기 뒤를 따라오는 것을 보더니 한 달음에 뛰어서 방으로 들어가려 한다. 우일은 어조를 가다듬어,

"여보세요! 정희 씨!"

하고서 그래도 의아하여 시험삼아 불러본 '정희'라는 이름이 맞았는지 맞지 않았는지 그 여자가,

"네?"

하고서 자기의 이름을 부르는 사람이 있으므로 멈칫하고 서서 반갑기도 하고 의심쩍어 흘끔 돌아다보지 않았더면 몰랐었을 것이다.

"정희 씨를 이런 곳에서 뵈옵기는 참으로 뜻밖입니다."

하고 돌아서는 정희에게로 가까이 갔다. 정희는 누구인지 몰라서 겁이 나는 듯이 뒤로 물러서며,

"누구세요?"

우일은,

"네! 저를 몰라 보시겠어요! 저는 김우일이올시다."

정희는 눈을 번쩍 뜨는 듯이,

"네! 김우일 씨요! 이게 웬일이십니까?"

하고서 일복이나 만난 듯이 가까이 덤벼들려다가 다시 멈칫하고 서면서,

"참 오래간만이십니다."

하고서 고개를 숙이고 땅을 내려다보면서 한참 서 있더니,

"참 오래간만이세요."

다시 하는 목소리에는 옛날을 생각하여 오늘을 비추어 보는 일종 금치 못할 애수의 회포가 엉키었다.

"네, 뵈인 지가 벌써 삼사 년이나 되나 봅니다. 그러나 어떻게 이런 곳에 와 계십니까?"

정희는 주저하였다. 말을 할 수도 없고 아니할 수도 없었다. 말을 하자니 자기의 비밀을 세상에 알릴 터이요, 아니 말하자니 무슨 핑계가 없었다.

"네, 네. 다니러 왔어요."

"다니러요?"

"네."

"그러면 혼자 오셨나요?"

"네."

"언제 오셨어요?"

"온 지 며칠 안 돼요."

"네, 그러세요."

우일은,

"저도 여기 온 지가 며칠 못 됩니다마는. 일복은 요사이 잘 있나요?" 하면서 어두운 가운데서도 정희의 기색을 살피었다. 정희는 일복이란 소리만 들어도 가슴이 괴로운 듯이,

"네, 안녕하세요."

하고서는 눈을 위로 흘겨뜨면서 우일을 바라보다가 다시 고개를 숙이더니 속마음으로 저이가 내가 물가에서 한 소리를 다 듣고서 일부러 저렇게 물어 보는 것이렷다, 하는 생각을 할 때 얼굴이 홧홧하여졌다. 우일은 또다시 어떻게든지 의심나는 것을 알아보고 싶어서,

"이런 말씀을 여쭈어 보는 것은 실례일는지 알 수 없습니다마는 밤마

다 시냇가에 내려가시나요?"

정희는 가슴이 달랑 내려앉으며 '에쿠 저이가 아는구나.' 하고서,

"그것은 어떻게 아십니까?"

"날마다 뵈오니까 말씀에요."

"날마다요?"

"네."

"오늘도 오셨어요?"

"네, 뵈옵기만 할 뿐 아니라 무엇이라고 하시는 말씀까지 다 들었어요."

"제 말하는 것까지?"

"네."

정희는 한참 있다가 공중을 쳐다보더니,

"우일 씨는 우일 씨의 누이동생 같은 이 정희의 비애를 알아주실 수가 있겠지요?"

입술이 떨리는지 목소리가 가늘어지며 떨린다. 그리고 망연히 서 있는 그의 두 눈에는 무궁한 거리에서 멀리 비추는 별빛을 반사하여 반짝거리는 눈물방울이 그 별같이 반짝이기 시작한다.

우일은 정중한 목소리로,

"그게 무슨 말씀입니까?"

"저는 죽은 사람에요. 저는 살아 있으나 죽은 사람에요. 저의 목숨은 비록 육체의 피를 돌게 하나 저는 죽은 지 오랜 사람입니다. 저는 저의 최대의 행복을 잃었고 또는 저는 지금 세상을 속이어 이 곳에 몸을 감춘 사람입니다. 물에 빠진 나로서 오늘은 잠깐 이 곳에 머물렀으나 내일은 또 어디로 갈는지 모르는 사람입니다. 저를 물에서 구해낸 여승은 저를 잠깐 이 곳에 맡겨 놓고 모레에는 다시 나를 데려다가 어느 곳에 숨겨 줄는지 알 수 없습니다."

그리고서는 그대로 서 있는 정희의 두 눈에는 구슬구슬이 눈물이 떨어진다.

이 말을 들은 우일은,

"정희 씨! 제가 일복의 가장 신뢰하는 친구인 것을 알아 주시죠. 그러면 저는 일복 군에게……."

"고만두세요."

정희는 우일의 말을 가로 끊었다.

"나는 우정을 의뢰하여 사랑을 이으려 하지 않습니다. 아니라, 우정으로써 사랑을 이을 수는 없습니다. 사랑은 사랑으로야만 이을 수가 있겠지요."

이 때이다. 저편에서 사람이 오는 기척이 났다.

"에헴."

기침 소리는 나이 늙은 주지의 소리다. 두 사람은 깜짝 놀랐다. 삼물 장삼자락이 어두운 저 쪽에서 걸음걸이에 흩날리는 것이 희미하게 보인다. 정희는 깜짝 놀라면서,

"에쿠, 우일 씨! 가세요, 어서요."

우일은,

"네? 네."

"밤이면 이 절 주지가 가끔가끔 저 있는 곳까지 순회를 하고 가요. 제가 이 절에 맡겨 있을 때까지는."

정희는 자기방으로 들어가며 댓돌 밑까지 쫓아온 우일에게 나지막한 목소리로,

"이 절 주지가 저를 구한 여승의 법사라나요."

이것이 일복과 동진이 양순의 집을 가려던 전날 밤이었다.

16

동진과 일복은 엄영록의 집에 다다랐다. 일복은 여태까지 술이 깨지 않았는지 얼굴빛이 붉은 데다가 양순의 집으로 비록 자기 직접은 아닐지라도 연담을 하러 가는 것을 생각하매 부끄럽기도 하며 또 한 옆으로는 한번 허락하였던 것을 물리치고 오십이나 된 장돌뱅이에게 돈 백원에 팔았다는 것을 생각하매 공연히 두 주먹이 쥐어졌다 펴졌다 하며 팔이 불불 떨린다.

그가 양순의 집에 들어가는 심리는 두 가지였다. 한 가지는 초례청에 들어가는 나이 어린 신랑의 수줍어하는 듯한 그것과 또 한 가지는 흉적을 물리치려 그 소굴로 들어가는 연소 무인의 의분이 넘치는 그것이었다.

동진은 먼저 마당에 들어섰다. 마루에 앉아 하루 판 돈을 세던 양순 어미는 동진을 보더니 술 항아리 옆으로 비켜앉으며,

"어서 오시소."

하고서 인사를 한다.

"괜찮은가?"

동진은 인사 대답을 하고 마루에 걸터앉아 사면을 한번 둘러보더니,

"재미가 어떤고?"

"언제든지 그렇지요. 장 그렇지요."

하면서 두 눈을 더러웁게 스르르 감는다.

"죄다들 어디 갔는가? 아들서껀."

"모르겠쇠다. 동리에 갔는가요."

"또 딸은?"

어미는 방을 가리키며,

"저 방에요."

이러다가 일복이 웬일인지 뚫어지도록 자기를 들여다보면서 마루 끝에 서 있는 것을 보더니,

"이리 올라오시죠."

하고서 마룻바닥을 가리킨다. 동진은 그제야 알아차린 듯이 두루마기를 휩싸고서,

"올라앉이소."

하며 일복을 권하는 듯이 쳐다본다.

일복은 허리 굽혀 사례를 하고,

"네."

하며 걸터앉았다.

동진은 담배를 피워 물고,

"그런데 술이나 한잔 주게나그려."

어미는 잔을 씻고 안주를 담더니 미안한 듯이 빙긋 웃으며,

"안주가 있어야죠. 에그, 맨술만 잡숫나요?"

하고서 두 잔을 부어 놓는다. 일복은 술을 보더니 진저리나 치는 듯이 상을 찌푸리고 얼굴을 내흔들며,

"에그, 나는 정말 못 먹겠어요. 지금도 머리가 아퍼 죽겠는데요."

그래 동진은 억지로 권하면서,

"한 잔만, 꼭 한 잔만 잡수세요."

"네, 정말 못해요."

"무얼 공연히 그러십니다그려. 오오 장모에게 어여쁘게 보이려고 그러십니까?"

이 말이 떨어지자 어미는 일복을 보더니 고개나 끄덕거리는 것같이 곁눈으로 일복을 바라본다. 일복은 얼굴이 더욱 빨개지며 이 양반이 유일복 씨란다 하는 듯이 슬그머니 얼러맞추는 동진의 두름성 있는 말을 듣고서는 이제는 주저할 것 없다는 듯이 안심이 된다. 그러나 참말 먹을 수 없는 술이나마 하는 수 없이 안 받아먹을 수가 없었다. 그는 마시었다.

그리고 안주를 먹은 뒤에 뒤로 물러앉았다. 동진은 마루에 걸쳤던 두

다리를 마루 위로 올려놓으면서 부어 놓은 술을 마시더니 잔을 탁 내려놓고 안주를 씹으며,

"그런데 여보게, 내 말 한 마디 할 것이 있네."

하고서 젓가락을 놓고 다시 고개를 쳐들어 양순 어미를 보면서,

"그래 이번 일은 어떻게 된 셈인가? 오늘 온 것은 다름이 아냐. 그 일 때문에 온 것이야."

그 말이 나오자 양순 어미는 그 말 나오는 것이 귀찮은 듯이 공연히 딴소리를 하려고 앵 하고 모여드는 모기를 두 손으로 날리면서,

"망할 놈의 모구, 사람 못 살겠군."

하니까, 얼핏 대답하지 않는데 조금 조급한 듯이,

"응? 웬일야? 곡절을 알 수가 없으니."

동진은 재우쳐 묻는다. 양순 어미는 벌써 알아차리고서,

"무엇을요?"

하면서 미안히 여기는 중에도 비웃는 듯이 씽긋 반웃음을 웃었다.

"내가 자네 아들에게 청한 것 말야?"

그 때야 어미는,

"네에."

하며 긴 대답을 하고서,

"나는 무엇이라구요. 참 미안한 말씀을 벌써 하려다가. 그렇지만 정혼을 하여 놓은 것을 어떻게 합니까?"

"정혼을 하였어?"

"네."

일복은 한잔 술이 또 취하여 공연히 말이 하고 싶은 중에도 동진의 교섭이 점점 진전할수록 마음 조마조마한 기대를 가지고 있었다. 동진은,

"흥!"

하고 코웃음을 한 번 치더니,

"여보게, 글쎄 그게 무슨 짓인가? 자아, 여기 앉으신 이가 그 어른일세."

하며 일복을 가리키더니,

"자아, 그런 생각 먹지 말고 내가 말한 것대로 이 어른에게 허락하게. 오늘은 이 어른이 직접으로 자네의 말을 들으시려고 몸소 오셨으니."

일복은 소개하는 소리를 듣고서 허리를 다시 펴고 몸을 고쳐 앉아서,

"참 보기는 두어 번 보았으나 알지를 못하였소. 나는 유일복이오. 아마 이미 동진 씨에게 말씀을 들었을 듯하오."

하니까 어미는 조금 냉담하게,

"참 말씀은 많이 들었습니다."

하고서 걸레로 방바닥을 훔쳤다.

동진은 조금 더 바싹 들어앉더니,

"어떻게 할 터인가? 허락할 터인가?"

하니까 어미는 동진을 바라보고 태연한 웃음을 웃으면서,

"무엇을 어떻게 하랍니까? 어서 술이나 드소."

"술야 먹겠지마는 그 말 대답을 해야지."

"글쎄요."

하고서 일복을 가리키며,

"약주 한 잔만?"

하며 주전자를 들어 먹겠느냐는 의견을 들으려 한다.

"아니, 싫소. 싫어 진저리가 나오."

일복은 손을 내저으며 고개를 돌이킨다. 동진은 한 잔을 마시더니 고개를 숙이고 젓가락으로 안주를 뒤적거리면서,

"사람이란 그래서 안 되네. 어린 딸을 생각해야지. 자네가 그것은 잘못 생각하고 한 짓이지. 글쎄 이 사람아, 지금 말하자면 갓 피는 꽃봉오리 같은 젊은 딸을 오십이나 넘은 늙은 사람에게다 주다니, 안 돼.

안 될 일야.”

하니까 어미는 그래도 부끄러운 듯이 고개를 숙이고서 한참 있다가,

“그것도 다 연분이지요.”

“연분!”

동진은 어미를 한 번 쳐다보더니,

“연분이 무슨 빌어먹을 연분인가? 그래 젊은 딸을 늙은 놈에게 팔아 먹는 것이 연분야?”

하고 조금 어조가 불온히 나가는 것을 들은 일복은 자기까지 미안한 생각이 나서, 어미는 오죽하랴 하는 듯이 어미의 기색을 살피었다. 그러나 어미는 또 한 번 씽긋 웃더니,

“그것도 다 연이 있길래 그렇게 되지요.”

동진은 껄껄 웃어 쓸데없는 분격에 잘못 말한 것을 덮어 버리면서,

“그렇지. 그러나 그 연을 이 쪽으로 끌어와 보게그려. 그것은 자네 입에 달린 것이 아닌가?”

“그러면 혼인을 무르라는 말씀이지요?”

“그렇지 그래.”

“혼인을 무르기야 어려운 일이 아니지요.”

“그러면?”

“그렇지만 이번 일은 무를 형편이 되지 못해요.”

동진은 어미를 흘겨보더니,

“형편이 무슨 형편야. 그까짓 놈에게 나는 싫소 하며는 제가 또 무슨 큰소리를 할라구.”

“그래도 못돼요.”

“무엇이 못돼?”

동진은 무엇을 알아차린 듯이 들었던 젓가락으로 소반 변죽을 탁 치면서,

"옳지, 알겠네. 그거야 염려 말게 이 사람아! 그까짓 것을 가지고 그러나? 돈 말일세그려. 돈 때문에 그렇지? 하하 그거야 내가 있는데도 그러는가? 아마 말하기가 부끄러워 그러나 보구려. 그거야 벌써 생각해둔 거야."

동진은 일복을 돌아다보며,

"사람이 저렇게 용렬합니다그려."

하고서 놀려먹듯 웃더니, 다시 어미를 보고서,

"이 사람아, 아무리 하기로 이 어른이 돈 몇백 원이야 못해 주실 줄 아는가?"

일복은 속으로 문제는 그것 하나면 낙착이 되리라 하면서도 혼인 이야기를 하는데 돈이라는 소리가 나는 것이 아주 불쾌하였다. 그러나 어떻든 잘 되기만 기대하는 그는,

"그거야 우리도 벌써 의논한 것이 아닙니까? 그런 염려는 할 것이 없겠지요."

하고서 동진의 말에 뒷받침을 하였다.

그리고 나니까 반 이상의 허락을 받은 듯하여 일복은 부질없이 기꺼운 중에도 죄던 가슴이 내려앉았다.

그리고 석유 남포에 켜놓은 불빛으로 마주앉은 어미를 볼 때 기름때 묻은 머리채를 이리저리 설기설기하여 틀어 얹은 것과 두 발의 열 발가락이 짐승의 발같이 험상스러웁게 생긴 것과 격에 맞지 않는 은가락지를 목우상*의 손가락에 끼워 놓은 것 같은 것까지 반 이상은 벌써 눈에 익어 짐승 같은 발가락과 격에 맞지 않는 은가락지와 때 묻은 머리채가 벌써 자기 장모의 그것이 되고 만 듯하다. 그래서 아까 여기를 들어올 때에 깨달았던 그 의문은 어디로 사라지고 잦아지는 재미에 웃음으로

---

* 목우상(木偶像) 나무로 만든 사람의 형상.

꽃피는 화목한 가정에 앉은 듯할 뿐이다. 그리고 마루 밑에서 정정하고 나서는 그 집 개까지 벌써 자기 집 개가 되고 만 듯하다.

그러나 어미는 얼굴에 차디찬 정이 돌면서,

"고만두세요."

하며 고개를 내두르는 두 눈에는 어떠한 여성에게서든지 볼 수 있는 암상맞은 광채가 나면서,

"저는 돈도 바라지 않고요, 아무것도 싫어요. 상사람은 상사람끼리 혼인을 해야지 후환이 없어요."

일복은 다시 어미를 보았다. 그러고서는 양을 보려다가 여우를 본 것 같이 적지않은 낙망이 되면서도, 그러나 한번 더 다지는 수작이려니 하고서 일복은 있는 말솜씨를 다 내어,

"그러면 내가 상사람 노릇을 하지."

하니까 동진도 잠깐 웃다가,

"이 사람아, 양반하고 혼인해서 후환 있을 것이 무엇인가?"

어미는,

"어떻든 저 어른에게 내 딸 드릴 수는 없어요."

하면서 일복을 원망이나 있는 듯이 가리킨다. 동진은 기가 막힌 듯이 허허 웃고서,

"그것은 또 어째서?"

"왜든지요."

"말을 해야지?"

"말요?"

"그래."

"그 말해 무엇 하게요? 안하는 것이 좋지요."

"무슨 말인데 못할 것이 무엇이야. 알기나 하세그려."

"어떻든 저는 저의 딸을 아무리 나이 늙은 장돌뱅이라도 그 사람에게

주는 것이 좋아요.”

일복은 다시 살이 에이는 듯한, 불쌍한 정과 피가 끓는 듯한 분노가 가슴에서 일어난다. 그리고서 가끔가끔 방 안에서 크게 못하는 가는 양순의 기침소리를 들을 때 일복은 그 어여쁜 양순을 수염이 짐승의 털같이 나고 수욕이 입 가장자리와 두 눈에서 낙수지듯 하는 그놈의 장돌뱅이가 이리 발 같은 두 손을 넓게 벌리고 자기의 만족을 채우려고 덤벼드는 듯할 때 악 소리를 치면서 덤벼들어 그놈을 당장에 죽여 흠없고 깨끗한 양순을 구해 내고 싶었다. 그는 그것을 생각할 때마다 온몸을 진저리치듯 떨었다. 그래서 그는 저도 모르게,

“무어요? 그것은 어째 그렇소?”

하고서 바싹 가까이 다가앉았다. 어미는,

“네, 네. 그것은 아무리 나이 젊고 얌전하고 재주 있는 당신이라도 남의 목숨을 끊게 한 어른에게는 드릴 수가 없단 말에요.”

일복의 머릿속에는 번개같이 정희가 보였다. 정희!

일복은 아무 말도 못하고 벙벙히 천장만 바라보고 앉았다. 그의 입은 무엇으로 풀 발라 봉한 듯하였다.

이 말을 들은 동진은 눈 크게 뜨며 어미를 쥐어지를 듯이,

“무어야? 누가 사람을 죽게 해?”

하니까 어미는 태연한 얼굴로,

“꽃 같은 젊은 아가씨를 죽게 한 이가 누구십니까?”

하며 일복을 쳐다본다. 일복은 그 자리에 엎드러질 듯이 낙망하였다.

“여보!”

일복의 목소리는 떨리더니 조금 있다가 다시,

“동진 씨!”

하려니까 어미는 하려던 말을 채 마치지 못한 듯이,

“흥, 물에 빠진 귀신은 사라지지도 않고 언제든지 등 뒤에 따러다닌

답니다. 그런 이에게 딸을 줘요!"

동진도 아무 말이 없었다. 일복은 고개를 숙이고 한참이나 앉았더니,

"여보! 내가 이 말을 하지 않으려 하였으나 하는 수가 없이 하오. 그런데 동진 씨!"

말에 눈물이 마룻바닥에 떨어진다.

"동진 씨! 나의 마음을 말하려 하나 그 말이 없고 귀를 가졌으나 들어 줄 사람이 없습니다. 여보세요, 만일 나를 죄인으로 생각하고 자기의 딸을 줄 수가 없거든, 줄 수가 없거든 말씀여요……"

일복은 갑자기 고개를 들더니 사면을 한번 물끄러미 바라보고서,

"저에게 주지는 않을지라도 제발 오십 먹은 장돌뱅이에게는 주지 말아 달라고 해 주세요."

하고서는 그 자리에 엎드러져 울었다. 그러려니까 그 어미는 다시 깔깔 웃으면서,

"별 걱정을 다 하십니다그려. 내 딸이지 당신의 딸은 아니지요. 내 딸은 언제든지 내 맘대로 하렵니다."

이 말을 들은 일복은 벌떡 일어나 두 주먹을 쥐고서 어미에게 달려들며,

"이 아귀야! 딸의 피를 빨어먹는 독사야! 너 같은 것들은 모두 한 번에……"

하고서 발길을 들려 하니까 동진이 덤벼들어 말리면서,

"고만두십쇼. 고만두세요. 그것을 그러시면 무엇 합니까?"

어미는 분해서 씩씩 하며,

"무어요? 아귀요? 내가 아귀여요? 어째 내가 아귀요?"

하고 말대답을 하니까, 동진은 호령을 하면서,

"가만 있어! 무엇이라 지껄여?"

일복은 눈물을 씻으면서,

"에에 분해요. 내가 죽더라도 저런 짐승 같은 것은 살려 두기가 싫어요."

## 17

그 날 밤이다. 일복과 동진이 양순의 집에서 나간 지 한 시간이 지난 열한 시이다.

누구인지 시커먼 옷을 입고 머리에 검은 수건을 두른 사람 하나가 양순의 집 뒤 언덕을 기어오르더니 사면을 둘러보고서 다시 그 집 뒷담을 살금살금 기어간다. 무엇인지 기다란 막대기로 이리저리 위아래를 조사하더니 중턱을 손에 단단히 쥐고서 뒤창을 향하여 걸어가다가 무엇이 부스럭 하기만 하여도 멈칫하고 서 있다가 소리가 그친 뒤에야 다시 걸어간다. 사면은 적적 고요한 밤인데 공중 위에서 유성 하나가 비스듬히 공중을 금 긋는 듯이 흐르고 별들까지 속살대는 소리를 그친 듯하다. 영호루 나루에 가로놓인 다리에 물결치는 소리가 차르럭거리며 풀 속에 곤히 자는 벌레를 잠 깨우는 것이 오늘밤의 정적을 깨뜨리는 것이다.

그 검은 옷 입은 사람은 뒤창에 와서 가만히 엎드려 한참이나 그 속을 엿듣더니 손가락에 침칠을 하여 창구멍을 뚫고서 그 속을 들여다본다. 그러고서는 무엇을 생각하더니 다시 뒤를 돌아보았다. 저 쪽에는 버드나무 두어 개가 하늘을 꿰뚫을 듯이 정적 속에 서 있다. 그는 다시 뒤를 돌아 앞마당으로 나왔다. 그리고 마루로 올라와 뒷방을 엿보고 안방을 들여다보았다. 처마에 잠자던 제비새끼가 찌르륵 하는 바람에 그는 멈칫하고서 뒤를 돌아보다가 다시 건넌방으로 소리없이 건너가서 손에 든 총을 옆에 놓고서 머리에 쓴 것을 벗었다. 그는 말할 것도 없이 일복이었다.

일복은 이불도 덮지 않고 가로누운 양순을 가만히 흔들었다. 그의 손이 그의 보드라운 살에 닿을 때, 그는 간지러운 불쌍함을 깨달았다. 그러고서 지금 이 때부터는 여기 누운 이 여자와 끝없이 갈 것을 생각하매, 공연히 세상 일이 비애롭고 한스러웠다.

"일어나!"

오기를 기다렸는지 양순은 쌍꺼풀진 두 눈을 반짝 뜨더니 꿈꾸는 사람처럼,

"에구, 오셨네."

"일어나! 어서!"

양순의 손을 붙잡고 뒤를 돌아다보는 일복의 손은 떨리었다.

"가야지!"

일복의 목소리는 전광판에 구르는 구슬같이 떨리었다.

"어서! 어서!"

그러나 양순은 일복의 목을 끼어안으며,

"여보세요, 정말 가요?"

하고서 소리없이 운다.

"그럼 가야지, 가지 않고 어떻게 해?"

하고 양순을 달래듯이,

"울지 말어, 응! 남이 알면은 어떻게 하게."

양순은 고개를 더욱 일복의 가슴에 비비면서,

"어디로 가요?"

양순은 어린애처럼 온몸을 발발 떤다.

"어디로든지."

일복은 또 한 번 안방을 건너다보았다.

양순의 울음은 복받쳐오르며,

"여보세요, 저는 할 수가 없어요."

하고서 침을 한 번 삼키었다.

일복은 병 앓는 어린애를 안은 어머니가 귀여웁고도 불쌍히 여겨 내려다보는 듯이 양순을 내려다보며 혼자 마음으로 '네가 아직 집을 떠나 보지 못해서 집을 떠나기가 싫어서 그러는구나?' 하였다.

"그럼 어떻게 해? 어서 가야지? 응?"

"가기 싫거나 집을 떠나기가 싫어서 그러는 것이 아니에요."

"그럼?"

"어제까지는 제가 당신을 따라서 어디까지든지 가려 하였어요. 그러나 오늘은 다만 당신이 죽여 주기만 기다릴 뿐이에요."

"무어야?"

일복은 소리가 커졌는가 의심하여 다시 문 밖을 내다보고서,

"그런 소리 말고 어서 가!"

일복은 울고 싶도록 섭섭하고 분하였다.

"그러면 너의 마음이 하룻밤 사이에 변하였구나?"

하면서 얼크러뜨릴 듯이 양순을 끼어안았다. 양순은 일복의 허리를 안고 몸은 어리광처럼 좌우로 흔들며 기막히는 목소리로,

"아녀요, 아녀요."

"그러면 어째 그래?"

양순은 한참이나 주저하다가,

"저는 장돌뱅이에게로 가는 수밖에 없어요."

일복은 양순을 몸에 붙은 거머리나 떼는 것처럼 두 손으로 밀치고 얼굴을 물끄러미 들여다보더니,

"무어야? 장돌뱅이에게로?"

"……."

일복은 양순을 손에서 뿌리치며,

"에이 더러운 년! 그러면 여태까지 네가 나를 생각한다는 것이 다 거

짓말이었구나. 너의 요 새빨간 입으로 같이 가자 한 것도 다 거짓말
이었지?"

하자 개가 다시 킹킹 짖는다.

안방에서 잠자던 어미가 개소리에 잠을 깨었다가 건넌방에서 인기척
이 있는 것을 듣고서,

"그 누구요?"

하고 드러누워서 건넌방을 바라본다. 이 소리를 들은 일복은 얼핏 옆에
놓았던 사냥총을 들고 아무 말 없이 안방 동정만 살피었다.

어미는 그래도 담벼락에 어룽대는 그림자가 이상하므로 옆에서 자는
자기 아들을 깨운다.

"얘, 얘야."

코를 골고 자던 엄영록이라는 놈이 부스스 돌아누우며 응응 할 뿐이다.

"응, 일어나거라, 일어나."

그래도 대답이 없다. 어미는 혼자 일어나 건넌방에 누가 왔는가 알려
고 가만가만히 마루로 건너간다.

일복은 가슴이 떨리고 손이 떨리고 다리가 떨린다. 그리고 그의 눈에
는 아무것도 보이지 않고, 보이는 것이라고는 그 앞에 선 양순 어미뿐
이다. 그리고 그 양순 어미는 여적의 괴수나 힘 많은 짐승같이 보이는
동시에 자기의 몸이 지금 당장에 그 여적의 괴수 같고 짐승 같은 양순
어미에게 해를 당할 것같이 보인다. 그래서 그는 침착지 못한 마음으로
써 최후의 수단으로 자기가 보신용으로 가져온 사냥총을 들었다. 그러
나 그 총부리는 떨렸다.

"이 짐승 같은 년, 꿈쩍 말어. 끽 소리만 해 보아라. 그대로 쏠 터이니."

어미는 '에구머니' 한 소리에 그대로 마룻바닥에 주저앉아 벌벌 떤
다. 일복은 이것을 보고서 아까 그 여적의 괴수나 사나운 짐승을 본 듯
한 생각은 어디론지 없어지고 땅에서 꿈지럭거리는 지렁이같이 더럽고

징그러운 중에도 아무 힘도 없는 것을 알아차렸을 때 그는 웬일인지 세계를 정복한 듯한 용기와 자신이 생기었다. 그래서 그가 '꿈쩍 말어' 소리를 지를 때 자기가 생각지도 못하던 큰소리가 자기의 폐와 성대를 과도로 떨리게 하며 나왔다.

　안방에서 자던 엄영록이 이 소리에 깨었다. 굴 속에 잠들었던 사자와 같이 그는 툭툭 털고 일어나 문 밖을 내다보더니 한달음에 마루로 뛰어나와, 채일복은 보지 못하고 어미의 떠는 것을 보고서,

　"이게 웬일인고?"

하니까 어미는 그저 덜덜 떨면서 건넌방을 가리키며,

　"저, 저."

할 뿐이다.

　일복은 또 총을 엄영록에게 들이대며,

　"너는 웬 짐승이냐? 이놈! 꿈쩍 말어. 죽고 싶거든 덤벼라!"

　일복은 으레 그놈도 항복하려니 하였다. 그러고서 그 조그마한 여적의 자식쯤이야 그대로 꼼짝 못하리라 하였더니, 일복의 예상은 틀리었다.

　엄영록이란 담 크기로 동리에서 유명한 놈이다. 그는 태연히 나서더니 한참이나 일복의 눈을 바라보다가 재빠르게 옆에 놓여 있는 방칫돌*을 들었다.

　양순은 방 한 귀퉁이에 서서 일복의 행동만 살핀다.

　엄영록은 일복에게로 덤벼든다. 이것을 본 일복은 자기의 손에 그것을 보호할 만한 무기가 있는 것을 알기는 알면서 황망하고도 무서운 생각이 나서 총부리가 떨리기 시작하였다.

　"어디 놔 봐라! 놔!"

하고 소리를 지른다.

---

＊**방칫돌** 다듬잇돌. 옷감을 다듬을 때에 받치어 놓는 돌.

일복은 황급한 가운데 그놈의 팔을 향하여 한 방 놓았다. 팔에 들렸던 방칫돌은 쾅 하고 떨어지며, 떨면서 앉아 있는 어미의 가슴을 눌렀다.

"에구, 사람 살리우."

소리가 나더니, 어미는 그 자리에 자빠졌다. 이것을 당한 엄영록은 붉은 피가 뚝뚝 듣는 팔로 옆에 찼던 장도를 빼어들었다. 그러고서는 자기의 용기와 힘을 다하여 일복에게로 덤벼든다.

일복의 총부리는 떨린다. 그가 사람의 신음하는 소리와 또는 마룻바닥에 떨어져 흐르는 사람의 피를 볼 때 그의 몸이 아니 떨리는 곳이 없고 그의 눈길이 닿는 곳이 떨리지 않는 곳이 없었다. 그러나 자기의 목숨을 빼앗으려고 입을 벌리고 덤벼드는 엄영록을 볼 때 그는 총을 아니 놓을 수가 없었다. 그래서 함부로 자기의 정신을 다 차려 두 방을 놓았으나 밤중에 이슬찬 공기를 울리는 총소리는 다만 담벼락을 뚫고서 지나 나갈 뿐이다.

일복은 엄영록에게 총부리를 잡혔다. 그러고서는 엄영록의 단도 쥔 손이 일복의 허리를 스치더니 일복은 정신없이 그 자리에 쓰러졌다.

엄영록은 칼을 마루에 내버리는 듯이 휙 던지며,

"흥, 다 무엇이냐? 되지 않은 녀석! 총? 총이 무슨 일이 있어?"

양순은 일복이 넘어지는 것을 보더니 그대로 덤벼들어 얼싸안고서,

"여보세요, 일어나세요."

하면서 일복의 몸을 흔들어 죽은 데서 깨려 한다. 이것을 본 엄영록은,

"흥."

하고 비웃더니,

"애, 그 정신 없는 짓 좀 하지 마라. 죽었어, 죽어! 죽은 사람을 붙잡고 네가 암만 그러면 무엇 하니?"

양순은 죽었다는 말에 실신이 되도록 놀라,

"에!"

하고서 자기 오라버니 한 번 보고서 일복의 얼굴 한 번 들여다보았다.

"오라버니."

"왜 그래?"

양순의 눈에서는 애소의 눈물이 떨어지며,

"이이를 다시 살려 주세요."

"무어야? 허허, 죽은 사람을 다시 살려 주어?"

"네! 살려 주세요. 제가 할 말이 있어요."

엄영록은 핀잔 주듯이,

"이 어리석은 계집년아! 그따위 생각 말고 자! 송장이나 치워서 너의 오라비 죄나 벗게 해!"

"오라버니!"

양순은 두 손을 모으고 신명께 기도나 하는 듯이 자기 오라버니를 쳐다보면서,

"저이를 죽이지 마시고 나를 죽이셨더면 좋았을 것을……."

할 때 일복은 눈을 떴다. 그는 그 때야 자기 옆구리가 아픔을 깨달았다. 그리고 고개를 돌이켜 옆을 볼 때 거기에는 양순이가 고개를 숙이고 울고 있었다.

그는 몸에 칼을 맞고서도 마음 속에는 어서어서 양순을 데리고 도망할 생각뿐이었다. 그래서 힘을 다하여 벌떡 일어서며,

"가! 어서 가!"

하고 양순의 손을 잡아끌려 할 때 그의 신경은 교란하여져서 눈에는 남폿불이 보이기도 하고 마당이 보이기도 하고 자빠진 양순어미가 보이기도 한다. 그리고 그의 눈앞에 양순어미의, 자빠진 늙은 계집의 히들히들한 살이 보일 때 그는 눈을 가리고 싶도록 무서웁게 더러웠다. 그러고서는 죄 묻은 검은 남루를 누가 자기 몸 위에 씌워주는 것 같아서 그는 몸서리를 치고 벌벌 떨다가 그 어미가 으스스한 신음소리를 내고

서 뒤쳐누울 때 그는 미친 사람같이 무서운 웃음소리를 내면서 뒤로 물러섰다. 그러고서는 다섯 손가락을 벌리고서 그 어미를 뜯어먹을 듯이 들여다보다가 다시,

"양순! 가! 어서 가! 날이 밝기 전에!"

하며 연한 양순의 가는 팔을 잡아끈다.

"가! 가!"

양순은 아무 말 없이 일어서서 끄는 대로 끌려간다.

이 꼴을 서서 보고 있던 엄영록이라는 놈이 성큼 한 발자국 나서면서 양순을 홱 뺏으면서,

"어디를 가?"

하고 가로나선다.

"못 가!"

이 꼴을 당한 일복은 엄영록을 한참이나 바라보다가,

"엠."

하고 이를 악물며 덤빌 때 그의 전신을 맹화 같은 분노가 사르는 듯하였다.

"안 놓을 터이냐?"

일복은 엄영록의 팔을 잡고 양순을 빼앗으려 할 때 엄영록은 완강한 주먹으로 일복의 가슴을 탁 밀치는 바람에 일복은 그대로 건넌방 구석에 나자빠지자, 머리에 놓여 있던 총대에 맞아 눈앞에 번갯불이 번쩍하는 것 같고 정신이 없어 온 천지가 팽팽 내돌리며 콧속에서는 쇳내가 난다.

그는 한참 정신을 차리다가 다시 벌떡 일어나려 할 때 그의 방바닥을 짚으려는 손이 총부리를 만지게 되었다.

그럴 때 그는 무슨 신통한 도리를 발견한 듯이 속마음에 옳지 하는 생각이 났다. 그러고서 그 총을 들고 일어서려 할 때 귓결에 엄영록이

란 놈이 양순의 팔을 끌며,

"가자, 어서 가."

하며,

"어머니를 일으켜야지."

하는 소리를 듣고서, 그는 다시 벌컥 분기가 치밀어 올라오며,

"에 이놈아, 어디를 가?"

하고 일어서자, 한 방을 놓은 총소리와 함께 엄영록은 마루 끝에서 마당으로 굴러 떨어졌다.

이것을 본 양순은 일복에게로 달려들었다. 그에게는 일복이 자기 오라버니 죽이는 것을 보고서 얼마나 일복이가 무서웠는지 알 수 없으나 그래도 그 무서움을 없이할 만큼 안전한 피난처는 일복밖에 없었다.

그러나 엄영록이 쓰러진 것을 본 그 찰나에 일복의 머릿속에는,

'살인!'

이라는 소리가 들려오며 그는 혼자 속으로,

—— 인제는 정말 사람을 죽이었는가?

하면서 덤벼드는 양순도 본체만체 그는 그대로 멀거니 섰다가 엄영록이 자빠진 것을 가까이 와서 들여다보더니,

"에!"

소리를 지르고 그 자리에 기절하다시피 놀라 자빠지더니, 다시 일어서서 고개를 돌이켜 양순을 보더니, 양순의 마음을 위로나 하는 듯이 빙긋 웃을 때 감출 수 없이 일어 나오는 무서운 마음은 그 웃음을 살인 광이 사람의 피를 보고 웃을 때와 같이 음침하고도 으스스한 웃음을 만들었다. 그래도 일복은 두 눈에 피가 올라와 불 같은 빛이 나는 눈망울로 양순을 보며,

"가야지! 어서 가! 남에게 들키기 전에."

양순은 아무 말도 못하고 가만히 서 있다가,

"여보세요."

하며 일복을 애연하고도 떨리는 목소리로 부를 때,

"어서 가! 어서! 어서."

일복은 황망히 사면을 둘러보며 재촉을 할 제 그의 다리는 떨리었다.

그러나 양순은,

"저는 갈 수가 없어요."

하며 붙잡으려는 손을 피하여 몸을 이리로 돌이켰다.

"저는 가고 싶어도 할 수가 없거니와……."

하면서 속마음으로 생각하기를,

── 저이는 진정으로 나를 사랑하지! 그러나 나는 저이를 사랑할 수는 없다. 내가 비록 저이를 잊지 못한다 할지라도 내가 저이를 따라갈 수는 없지. 저이는 자기의 사랑하는 이를 죽게 한 이지? 그리고 우리 오라버니를 죽인 이지?

한참 있다가 또다시 생각하기를,

── 그렇지만 나는 저이 없이는 살 수가 없지.

하고서 일복을 한참 또다시 보더니,

"저는 당신을 따라갈 수는 없어요."

할 때 피묻은 허리를 한 손으로 쥔 일복은,

"무어야? 갈 수가 없어?"

"네! 저를 이 자리에서 저 우리 오라버니처럼 쳐죽여 주세요."

"안 될 말! 안 될 말이다!"

그는 미친 사람같이 소리를 지르더니,

"어서 가자! 어서 가!"

할 제 양순은 그 옆에 떨어진 엄영록의 피묻은 칼을 집어 일복을 주며,

"여보세요, 제가 당신을 생각지 않는 것이 아니며 또는 같이 가기 싫어서 그런 것이 아닙니다. 저는 당신을 따라감보다도 당신의 칼에 죽

기를 바랍니다."

그의 목소리는 비장하였다. 그리고 다시,

"나는 남의 사랑을 빼앗아 자기를 복스럽게 하기는 원치 않아요. 당신을 위하여 죽은 이의 사랑을 빼앗으려 하지는 않아요."

하고는 떨어지는 눈물로써 발등을 적시다가 다시,

"자."

하고 칼을 내밀면서 일복을 향하여,

"당신께서도 무슨 결심이 계시겠지요."

하고서 속적삼을 풀어 헤친 양순의 젖가슴은 백옥같이 희다.

일복은 무의식하게 그 칼을 받아들을 때 그에게 모든 것이 절망인 것을 알았다. 그러고서는 그래도 맨 마지막 희망, 즉 양순을 데리고 사랑의 나라로 도망을 갈 줄 알았다가, 오늘에 그 사랑인 양순이가 가기를 거절할 때 그는 이를 악물었다. 그리고 '엥' 소리를 치고 온몸을 부르르 떨 때에는 모든 비분이 엉키고 덩지가 되어 나중에는 이 세상의 모든 것을 저주하고 싶은 동시에 그것을 참지 못하여 일어나는 본능적 잔인성이 그의 칼자루를 단단히 쥐게 하고서 절대의 자유로서 그의 생명을 좌우할 수 있는 양순이 자기 팔에 안기어서 흐트러진 머리카락이 창백한 이마를 어려 덮었고, 다시는 뜨지 않으리라고 결심한 두 눈이 비장하게 감기어 있으며 맺힌 마음으로 악물은 붉은 입술이 하얀 두 이 사이에 얼크러지도록 물려 있어 자기의 전 생명을 바치고 있는 양순을 내려다볼 때 그는 자기의 모든 원망을 한꺼번에 몰아다가 한 칼 끝에 모아 연약한 양순을 그대로 찌르려 하였다.

그러나 그가 눈을 감고 칼을 들어 양순의 가슴을 찌르려 하다가 그는 이런 것을 깨달았다.

누가? 남의 칼날에 말없이 자기 생명을 바치는 자이냐? 할 때 그는 모든 희열과 또는 애인에 대한 경건한 감사의 마음이 생기면서 그는 다

시 한 번 최후를 기다리는 양순을 안았다. 그러고서는 뜨거운 눈물이 떨어지면서,

—— 참사랑을 알 때에는 그 생의 여유가 찰나를 두고 다투지 않지는 못하는가?

그리고는 눈물이 어린 눈으로 자기 손에 든 칼을 볼 때 멀리서 사람의 기척이 들렸다. 그는 황급한 마음이 다시 나서, 다시 눈을 감고 칼을 들어 양순의 심장을 향하여 힘껏 칼날이 쑥 들어갔을 정도로 찔렀을 때 자기 팔에 안긴 양순은 팔딱 하더니 두 팔 두 다리에 힘을 잃었다. 그러나 그가 고개를 돌이키고 감히 바로 양순을 보지 못할 때 자기 손에 피 묻은 것을 보았으나 그래도 양순이 어쩐지 참으로 죽은 것 같지가 않아서 또다시 한번 그의 가슴 정중을 내리 찔렀다. 이번에는 아까와 같이 손이 떨리지 않고 아까와 같이 지긋지긋하지가 않고 아까와 같이 감히 손이 내려가지 않지 않고 한 번에 내려갔다. 그의 칼이 양순의 가슴에 박혀 잠깐 바르르 떨 때에는 또 한 번 양순이가 몸을 팔딱 하고 목구멍 속으로 연적에 들어가는 물방울 소리 같은 소리를 낼 적이다.

그는 칼을 잡아 빼었다. 흰 옥판에 붉은 피를 흘리는 듯이 새어나온다. 그는 그것을 보고서 그래도 양순이 죽은 것 같지 않아 못 견디겠다. 이왕 죽여 주면 완전히 죽여 주어야지 하는 생각이 나면서 그는 또 칼을 들었다. 그리고 이번에는 아무 지긋지긋함이나 애처로움이나 참기 어려운 잔인성이 조금도 없고 대리석 상을 쪼아 내는 석공과 같이 아무 감정도 그는 깨닫지 못하였다. 그는 다시 그의 허리를 찔렀을 때 양순은 조금도 팔딱 하지 않고 그대로 곤포쪽같이 일복의 팔에 매달려 있을 뿐이었다. 일복은 그제야 양순이 죽은 것을 알은 듯이 마루 위에다 양순의 시체를 놓고서 그래도 연연한 정이 미진한 듯이 그의 팔과 그의 다리를 만져 보았다.

그러자 또 한 번 수군수군하는 사람의 소리를 들었다. 그는 여태까지

잊었던 공포가 다시 일어나며 이리 허둥 저리 허둥 할 제 그는 혼자,

—— 살인을 했어! 예끼, 내가 살인을 하다니, 그렇지만 양순을 죽였
  지!

중얼거리면서 부엌으로 툇마루로 왔다갔다 하더니,

—— 그렇지! 그래!

하고서 성냥을 득 긋더니 처마 끝과 나무더미에 불을 붙이고서는 미친
사람처럼 집 뒤를 돌았다. 그러자 사람 죽이는 것은 모르고, 달아나는
것만은 개란 놈이 쫓아오며 짖으매 그는 손에 들었던 칼로써 개란 놈의
허구리를 찔러 그대로 쓰러뜨리고 한 걸음에 강 다리를 건넜을 때 그
모래톱에 쓰러졌다. 그는 다시 일어나 물가에 가서 물을 마시고 풍현*
을 올라섰다. 입에서 단내가 나고 허리가 끊어지는 듯하다. 땀은 온 전
신에 폭포같이 흐른다.

그가 고개 마루턱에 올라서서 뒤를 돌아다보매 멀리 외로이 서 있는
양순의 집에는 불이 붙어 뱀 혀 같은 불길이 이 귀퉁이 저 귀퉁이를 날
름날름하고 있다.

이것을 본 일복은 뜯어먹던 미끼의 흐른 피를 입 가장자리에 흘린 짐
승처럼 잔인한 웃음을 크게 웃으면서,

—— 아! 악마의 전당! 요귀의 소굴! 내가 너를 불지른 것이 아니다! 옛
  날의 소돔이 불에 탄 것같이 너의 운명이 너를 불에 타게 한 것이다.

그는 풍현을 넘어 섰다. 굼실굼실한 산그림자가 안동읍을 눈앞에 가
려버렸다. 그는 달아나면서도 혼자 중얼거리기를,

—— 고운사로 가야지! 우일에게로!

한달음에 송 고개를 지나 다랫들에 다다랐을 때 그는 다시 엎으러졌
다. 그는 개울의 물을 마셔 정신을 차린 후에 다시 노루고개를 넘었다.

---

\* 풍현(風峴) 바람이 많은 산 언덕.

토각골을 지날 때는 아무리 흥분된 그일지라도 요귀의 토굴을 지나는 것같이 머리끝이 으쓱하여지지 않을 수가 없었다. 도적 많고 제일 무섭기로 유명한 토각골을 지난 그는 토지동을 지나갈 제 먼 동리에서 닭이 울기를 시작하였다. 다시 톡갓재를 지날 때에 그는 그 곳이 안동과 의성이 북남으로 경계되는 곳인 줄을 알고서, 자기 고향 의성을 바라보았다. 그는 거기에서 잠깐 다리를 쉬었다. 그는 땅 위에 누워서 하늘의 별을 쳐다보았다. 풀냄새는 사면에서 코가 알싸하도록 나고 축축한 이슬은 홧홧 달아오르는 상처를 시원하게 식힌다. 그는 누워서 먼 창공에서 반짝이는 작고 큰 별들을 보다가 다시 벌떡 일어나며,

"어서 가야지. 어떻든 가고보아야 한다."

그는 다시 풀냄새를 맡을 수 없으며 다시 창공에 반짝이는 별들을 보지 못하리라고 생각지는 못하였다.

그가 다시 힘을 다하여 매기골에 왔을 때에는 멀리서 개가 짖는다. 그는 다시 지동골을 지나 고운사 어귀까지 와서, 안동서 여기가 삼십리, 겨우 세 시간에 왔다.

그가 여기가 고운사이지 할 때, 여태까지 참았던 신체의 맥이 풀리며 그대로 길바닥에 쓰러졌다. 땀과 피가 섞이어 붉고 누른 물이 온몸을 적시었다.

그는 다시 일어서려 하였다. 그러나 의식은 똑똑하나 일어서지를 못하였다. 그래 그는 넘어진 어린아이가 일으켜 주기를 기다리는 듯이 한참 고개를 숙이고 엎드렸을 때, 때없이 약한 마음이 자기 가슴으로 지나갈 때 그는 우일을 소리쳐 부르고 싶었다.

그는 다시 고개를 들어 나무가 우거진 틈으로 절집을 살필 때 옆에서 물 흐르는 소리를 듣고서 다시 산 듯이 벌떡 일어나려 하다가 다시 쓰러지려 할 때 그는 허리를 짚고서 꼿꼿이 버티고 섰다. 그리고 비슬비슬 걸어서 물소리를 찾아 물을 먹으려 시냇가로 갔다. 그는 그대로 엎

드려 물을 마시었다. 두 모금 세 모금 물을 마신 후에 그는 고개를 들고 다시 일어나 양쪽의 나무가 홍예문을 튼 듯한 너른 길을 얼마인지 걸어 와서 층계돌을 모은 데 걸려 넘어져 이마가 깨지었다. 그리고 다시 한 층을 오르려다가 무릎을 벗기었다. 그는 또다시 일어서려 하였으나 일 어서지를 못하고 그대로 쓰러져 몸을 이리 굴리고 저리 굴리며 고통에 신음을 하다가 다시 번듯이 누웠을 때 그는 생각하였다. 자기의 육체가 자기 의식을 행사치 못하니 아마 이제 나의 생명이 끊어질 시간이 가까 왔나 보다. 그러면 나의 벗 우일도 만나 보지도 못하고 이 자리에서 죽 나보다 할 때 암흑 속에서 우는 벌레의 소리들과 샘물의 중앙중앙 흐르 는 소리가 바람 밑에서 살락살락하는 나뭇잎의 떠는 소리나 자기 손에 만져지는 가슬가슬한 모래들이나 또는 콧속에 맡히는 수기 있는 흙냄 새, 멀리서 자기의 임종을 못하는 듯한 뻐꾸기의 소리, 이 모든 것을 그 는 이 몇 찰나 사이에 마지막 듣고 보지나 않는가 하였다.

그는 그것을 생각할 때,

── 아니다, 마지막으로라도 우일을 만나야 한다.

하고서 맨 나중 힘을 다하여 일어섰다. 그러고서 다시 저 쪽 가운루가 어두컴컴한 속에 희미하게 보일 때 그는 그 쪽을 향하여 달음질하려 하 였으나 그의 다리는 힘없이 떨리고 그의 옆구리는 지구를 차고 가는 듯 이 무거웠다. 그러나 그가 한 다리를 내어놓으려 할 때 바로 자기 눈앞 에는 우일과 정희가 와서 섰다. 일복은,

"아 우일 군!"

하고서 그의 가슴에 그대로 안기며 다시 옆에서 자기를 무서운 듯해 하 는 정희를 보고서,

"아! 정희?"

하고서 꿈이나 아닌가 하는 의아한 눈으로 그를 비킬 때,

"이게 웬일인가?"

하고 자기의 몸을 잡는 사람은 분명한 우일이었다.

　그러나 너무나 의외 일에 그는 꿈이나 아닌가 하고서 두 사람의 얼굴을 물끄러미 들여다볼 때 정희도 그 때야 알은 듯이,

　"아! 일복 씨."

하고서 덤벼들려 하니까 일복은 다시 힘없이 우일의 팔에 힘없이 턱 안기며,

　"아! 정희의 환영이다! 환영이다!"

하면서 우일을 쳐다보며,

　"우일 군! 정희의 환영! 저기 정희의 환영!"

하고서 아무 소리없이 우일의 팔에서 실신을 해 버렸다.

　이 말을 들은 정희는 일복의 가슴에 엎드러지며,

　"일복 씨! 저는 환영이 아니라 정체입니다. 저는 일복 씨의 아내인 정희입니다!"

　우일은 일복을 무릎에 뉘었다. 그리고서 그의 얼굴의 피를 씻으며,

　"이게 웬일인가?"

하고서 다시 그의 허리를 만지다가 다시 눈을 크게 뜨며 깜짝 놀라면서,

　"이 사람이 어디서 칼에 맞았으니 도적을 만났는가?"

하고 십 분이나 넘게 주물렀을 때 일복은 겨우 눈을 떠 우일을 보며 입 속에서 잘 나오지도 않는 소리로,

　"여보게 나, 나는 사람을 죽였네!"

　우일은,

　"응? 무어야?"

하며 사면을 둘러보고서,

　"그래 어떻게, 무슨 일로?"

　"나는 나의 애인을 죽였다! 그러나 나는 죽지를 않았다. 그러나 그 때

는 가까왔다."

하고서,

"여보게, 나의 가슴을 좀 문질러 주게."

하고서는 그의 눈에서는 눈물이 비오듯 하였다. 그러나 그의 목소리는 점점 풀이 죽어지며,

"나의 눈물은 우리 정다운 친구를 마지막으로 작별하는 눈물이다!"

우일의 눈에서도 눈물이 나왔다. 정희는 또다시 일복을 잡으며,

"일복 씨! 저에게 다만 한 마디 말씀이라도 아내라고 불러 주세요!"

할 때 일복은 다시 정희를 물끄러미 바라보더니 고개를 내두르며,

"환영은 언제든지 환영! 죽은 정희의 환영! 죽음을 찰나 앞에 둔 나로 서도 그런 어리석은 짓은 하지 못하겠다……."

하고서 우일의 팔에 힘있게 몸을 비틀 때 심장의 고동은 정지하고 말았다.

계단식 논

# 부록

# 작가와 작품 스터디

## ● 나도향 (1902~1926)

 나도향은 서울에서 태어났다. 본명은 경손이고 호는 도향, 필명은 빈이다. 배재 고보를 졸업하고 할아버지의 권유로 경성 의학 전문 학교에 입학했으나 의학보다 문학에 뜻을 두고 문학 수업을 하기 위해 가족 몰래 일본으로 건너갔다. 하지만 학비가 모자라 오래 머물지 못하고 귀국했다.

1921년 〈신청년〉에 〈나의 과거〉를 발표하면서 작가 활동을 시작했다. 초기에는 감상적인 작품을 쓰며 낭만주의를 표방했다. 하지만 이것도 급격하게 바뀌어 관찰 중심의 자연주의를 실험했다. 그러다가 비판적 사실주의를 시도했다. 그 다음에는 사회 변화를 보여 주는 인간형에 몰두하는 보다 예리한 사실주의적인 경향으로 흘러갔다. 초기의 감상적 낭만주의를 극복하고 인간의 진실한 애정과 그것이 주는 인간 구원의 의미를 보여 주었다. 그의 여러 가지 시도들은 성공을 거두지는 못했다. 하지만 문학의 초창기라는 현실을 생각해 볼 때 비록 실패했다 할지라도 그 시도만으로도 나름의 가치를 지녔다고 할 수 있다.

1921년 홍사용, 이상화, 현진건, 박영희 등과 더불어 〈백조〉의 동인이 되었다. '도향'이라는 호는 〈백조〉의 동인이던 월탄 박종화가 지어 준 이름이다. 그는 방랑벽이 있었다. 1925년 가을 또다시 도일하여 수학의 길에 올랐으나 이 역시 실패로 돌아간다.

작품으로는 〈환희〉, 〈여이발사〉, 〈전차 차장의 일기 몇 절〉, 〈벙어리 삼룡이〉, 〈물레방아〉, 〈뽕〉,〈피묻은 편지 몇 장〉 등이 있다. 급성 폐렴으로 요절했다.

● **물레방아**　　신치규는 자기 집 막실에 사는 이방원의 아내에게 눈독을 들인다. 마을에서 가장 부자이면서 힘이 있는 그는 방원의 아내를 갖은 말로 유혹한다. 아들 하나만 낳아 주면 원하는 모든 것을 들어줄 것처럼 말한다. 가난에 지친 그녀는 신치규와 더불어 물레방앗간 안으로 들어간다. 이를 목격한 방원은 두 사람의 일을 짐작하고 부부 싸움을 벌인다. 신치규를 때린 죄로 구속된 방원은 석방 후 그들을 찾아가고 도망치자는 방원의 부탁을 거절한 그녀는 방원의 손에 죽는다. 결국 방원도 자살한다.

● **꿈**　　'나'는 열아홉 살 적에 특별한 경험을 하였다. 아직 결혼을 하지 않고 학교에 다니던 그 때, 마름집 딸 임실이 '나'를 좋아했다. 임실은 병이 나서 누워 있던 '나'를 지성으로 간호했다. 어느 날 임실이 병이 났다. 며칠 뒤 새벽 임실은 소복 차림으로 '나'를 찾아온다. 마치 꿈처럼 다녀간 그 날 임실이 죽었다. 하지만 곧잘 임실은 '나'를 찾아와 부르곤 했다. '나'는 결국 임실의 무덤가에 가서 안타까운 마음으로 화환을 두고 왔다. 그 후 일 년 뒤 그녀가 죽은 날 다시 '나'를 찾아오고 나서는 더 이상 모습을 보이지 않았다.

● **계집 하인**　　박영식은 자기보다 한두 살 위인 부인이 있다. 일하던 사람이 나가고 집안일이 힘에 부친 아내는 남편의 흠을 잡아채고 새로운 사람 양천댁을 들여놓는다. 양천댁은 어릴 적 화상으로 얼굴이 매우 흉하게 생겼다. 이 때문에 남편과 부인은 자주 다투게 되고, 양천댁이 동서의 부음을 듣고 잠깐 고향에 내려간 사이 결국 다른 하인을 고용한다.

● **별을 안거든 우지나 말 걸**　　DH는 누님에게 전하는 글을 통해 친구인 R과 L, 그리고 MP와 설영 사이에서 혼란스러운 자신의 애정에 대한 이야기를 한다.

## 논술 가이드

〈물레방아〉의 한 대목입니다. 제시문을 읽고 다음 문제에 답하시오.

[문항 1]

> "말요? 임자의 말을 들으렬 것 같으면 벌써 들었지요, 이 때까지 있겠소?
> 임자도 남의 마음을 알 거요. 임자와 나와 이 년 전에 이 곳으로 도망해 올
> 적에도 전 남편이 나를 죽이겠다고 허리를 찔러 그 흠이 있는 것을 날마다
> 밤에 당신이 어루만지었지요? 내가 그까짓 칼쯤을 무서워서 나 하고 싶은
> 것을 못 한단 말이오? 힝, 이게 무슨 비겁한 짓이요, 사내자식이. 자! 찌르
> 려거든 찔러 보아요. 자, 자."
> 계집은 두 가슴을 벌리고 대들었다.

(1) 윗글에서 방원은 아내를 다시 만나 도망칠 생각으로 늦은 밤에 찾아오지
만 아내는 방원의 손을 뿌리칩니다. 여러분이 아내의 입장이라면, 다시 찾아온
방원을 어떻게 대했을까요? 각자의 생각을 말해 봅시다.

---

---

---

(2) 두 사람은 이 년 전에도 마을에서 도망친 경험이 있습니다. 이 년 전, 그
리고 지금 아내는 조금 더 편한 생활을 위해 남편을 버리고 다른 사람을 택합
니다. 아내의 행동에 대한 각자의 생각을 말해 봅시다.

---

---

〈꿈〉의 두 대목입니다. 제시문을 읽고 다음 문제에 답하시오.

[문항 2]

> 임실이를 어떠한 촌에 사는 늙수그레한 농부가 후실로 달라고 하는데, 그 농부인즉 돈도 있고 땅도 많고 소도 많아 살기가 넉넉하나 상처를 하여 다시 장가를 들 터인데, 만일 딸을 주면 닷 마지기 땅에 소 두 마리를 주겠다는 말이 있음이다. 그러나 임실이는 죽어도 가기 싫다 하니까 그렇게 수가 나는 것을 박차 버리는 것이 분하고 절통한 일이 되어서 지금 경찰이 고문이나 하는 듯이 딸에게 대답을 받으려 함이었다.

> 나는 그의 손을 잡고 퍽 반가움을 금치 못하여 이번에는 내가 임실이를 생각하는 것이 분수에 과한 것같이 임실이는 숭고해졌었다. 나는 꿈 속에서 임실이를 사모한다 하였다.
>
> 그러나 임실이는 조금 비웃는 듯이 나를 보더니, 만일 당신이 나를 사모하거든 지금이라도 같이 가자고 하였다. 그러면서 손을 잡아끌었다.

(1) 첫번째 글에서 임실은 자신에게 들어온 좋은 혼처를 마다하면서 어머니와 다투고 있습니다. 누가 보아도 임실에게 좋은 조건임에도 그녀가 그토록 완강히 부인하는 까닭은 무엇일까요? 그 이유를 말해 봅시다.

--------------------------------------------------

--------------------------------------------------

(2) 두 번째 글에서 '나'는 꿈에서 임실을 보자 반가움을 느낍니다. 그 이유는 무엇일까요? 또한 임실이 '나'에게 같이 가자고 하는 것은 무슨 의미일까요? 각각 말해 봅시다.

--------------------------------------------------

--------------------------------------------------

〈계집 하인〉의 두 대목입니다. 제시문을 읽고 다음 문제에 답하시오.
[문항 3]

---

"그런 것이 아냐. 왜 김 주사 집에 있던 사람 얌전하더군. 일 주일만 지내면 오마고 했으니 그 사람을 데려오지?"
아내는 하품을 하며,
"어이, 일 주일을 언제 기다린단 말요. 나는 모르겠소. 남의 생각은 조금도 할 줄 모르니까 내가 부릴 사람 내가 데려온다는데 웬 걱정들요."

---

"나리 처분대로 하시지요."
하고 금치 못하여 나타나는 기꺼운 빛이 얼굴에 보이고 양천집은 자기 자리를 빼앗긴 것이 분하여,
"제가 있어야 옳지요. 제가 다니러 간 새에 저 사람은 임시로 와 있었으니까요."
하고 잡았던 것을 빼앗기는 사람이 그것을 빼앗기지 않으려는 듯이 억지 겸 변명을 한다.

---

(1) 첫번째 글에서 아내는 굳이 얼굴이 흉한 양천댁을 들이려는 이유가 무엇일까요? 남편의 행동을 살펴보며 물음에 대답해 봅시다.

------------------------------------------------

------------------------------------------------

(2) 여러분이 부인의 입장이라면 누구를 선택하겠습니까? 각자의 생각을 말해 봅시다.

------------------------------------------------

------------------------------------------------

〈별을 안거든 우지나 말 걸〉의 두 대목입니다. 제시문을 읽고 다음 문제에 답하시오.

[문항 4]

> 사랑하는 누님, 왜 나의 원고는 도적질하여 갖다가 그 MP 양을 보게 하였어요? 그 MP 양이 그 글을 보고 얼마나 웃었을까요?
>
> 누님의 도적질한 것은 그것을 죄로 정할까요, 상을 주어야 할까요? 저는 꿇어 엎디어 절을 하겠습니다. 그리고 천국의 문을 열어 드릴 터입니다.

> 그러나 그 MP는 어떠한 양복 입은 이와 함께 저를 보았는지 저의 곁으로 그대로 지나가 버렸나이다. 저는 다만 지나가는 그만 바라보고 있다가 손을 단단히 쥐고, '에, 고만두어라.' 하였습니다.
>
> 저는 말할 수 없는 번뇌 가운데,
>
> "에, 설영에게나 가리라."
>
> 하였나이다. 그리고 천변으로 그의 집을 찾아갔습니다.

(1) '나'는 MP 양에게 글을 보여 준 누님에게 죄를 줄지, 상을 줄지 고민하고 있습니다. 자신의 글을 훔쳐 낸 누님을 보며, 그가 그렇게 고민하는 속마음은 무엇일까요? 서술해 봅시다.

------------------------------------------------

------------------------------------------------

(2) MP 양의 모습을 본 '나'는 말할 수 없는 번뇌를 느낍니다. '내'가 느낀 감정은 무엇일까요? 그리고 왜 설영에게 가는 걸까요? 그 이유를 말해 봅시다.

------------------------------------------------

------------------------------------------------

# 〈베스트논술 한국대표문학〉(전60권) 목록

| 권별 | 작품 | 작가 |
|:---:|---|---|
| 1 | 무정 I | 이광수 |
| 2 | 무정 II | 이광수 |
| 3 | 무명 · 꿈 · 옥수수 · 할멈 | 이광수 |
| 4 | 감자 · 시골 황 서방 · 광화사 · 붉은 산 · 김연실전 외 | 김동인 |
| 5 | 발가락이 닮았다 · 왕부의 낙조 · 전제자 · 명문 외 | 김동인 |
| 6 | 배따라기 · 약한 자의 슬픔 · 광염 소나타 외 | 김동인 |
| 7 | B사감과 러브레터 · 서투른 도적 · 술 권하는 사회 · 빈처 외 | 현진건 |
| 8 | 운수 좋은 날 · 까막잡기 · 연애의 청산 · 정조와 약가 외 | 현진건 |
| 9 | 벙어리 삼룡이 · 뽕 · 젊은이의 시절 · 행랑 자식 외 | 나도향 |
| 10 | 물레방아 · 꿈 · 계집 하인 · 별을 안거든 우지나 말 걸 외 | 나도향 |
| 11 | 상록수 I | 심훈 |
| 12 | 상록수 II | 심훈 |
| 13 | 탈춤 · 황공의 최후 / 적빈 · 꺼래이 · 혼명에서 외 | 심훈 / 백신애 |
| 14 | 태평 천하 | 채만식 |
| 15 | 레디메이드 인생 · 순공 있는 일요일 · 쑥국새 외 | 채만식 |
| 16 | 명일 · 미스터 방 · 민족의 죄인 · 병이 낫거든 외 | 채만식 |
| 17 | 동백꽃 · 산골 나그네 · 노다지 · 총각과 맹꽁이 외 | 김유정 |
| 18 | 금 따는 콩밭 · 봄봄 · 따라지 · 소낙비 · 만무방 외 | 김유정 |
| 19 | 백치 아다다 · 마부 · 병풍에 그린 닭이 · 신기루 외 | 계용묵 |
| 20 | 표본실의 청개구리 · 두 파산 · 이사 외 / 모범 경작생 | 염상섭 / 박영준 |
| 21 | 탈출기 · 홍염 · 고국 · 그믐밤 · 폭군 · 박돌의 죽음 외 | 최서해 |
| 22 | 메밀꽃 필 무렵 · 낙엽기 · 돈 · 석류 · 들 · 수탉 외 | 이효석 |
| 23 | 분녀 · 개살구 · 산 · 오리온과 능금 · 가을과 산양 외 | 이효석 |
| 24 | 무녀도 · 역마 · 까치 소리 · 화랑의 후예 · 등신불 외 | 김동리 |
| 25 | 하수도 공사 / 지맥 / 그 날의 햇빛은 · 갈가마귀 그 소리 | 박화성 / 최정희 / 손소희 |
| 26 | 지하촌 · 소금 · 원고료 이백 원 외 / 경희 | 강경애 / 나혜석 |
| 27 | 제3인간형 / 제일과 제일장 외 / 사랑 손님과 어머니 외 | 안수길 / 이무영 / 주요섭 |
| 28 | 날개 · 오감도 · 지주 회시 · 환시기 · 실화 · 권태 외 | 이상 |
| 29 | 봉별기 · 종생기 · 조춘점묘 · 지도의 암실 · 추등잡필 | 이상 |
| 30 | 화수분 외 / 김 강사와 T교수 · 창랑 정기 / 성황당 | 전영택 / 유진오 / 정비석 |

| 권별 | 작품 | 작가 |
|---|---|---|
| 31 | 민촌 / 해방 전후 · 달밤 외 / 과도기 · 강아지 | 이기영 / 이태준 / 한설야 |
| 32 | 소설가 구보씨의 일일 / 장삼이사 · 비오는 길 / 석공 조합 대표 / 낙동강 · 농촌 사람들 · 저기압 | 박태원 / 최명익 송영 / 조명희 |
| 33 | 모래톱 이야기 · 사하촌 외 / 갯마을 / 혈맥 / 전황당인보기 | 김정한 / 오영수 / 김영수 / 정한숙 |
| 34 | 바비도 외 / 요한 시집 / 젊은 느티나무 외 / 실비명 외 | 김성한 / 장용학 / 강신재 / 김이석 |
| 35 | 잉여 인간 / 불꽃 / 꺼삐딴 리 · 사수 / 연기된 재판 | 손창섭 / 선우휘 / 전광용 / 유주현 |
| 36 | 탈향 외 / 수난 이대 외 / 유예 / 오발탄 외 / 4월의 끝 | 이호철/ 하근찬/ 오상원/ 이범선/ 한수산 |
| 37 | 총독의 소리 / 유형의 땅 / 세례 요한의 돌 | 최인훈 / 조정래 / 정을병 |
| 38 | 어둠의 혼 / 개미귀신 / 무진 기행 · 서울 1964년 겨울 외 | 김원일 / 이외수 / 김승옥 |
| 39 | 뫼비우스의 띠 / 악령 / 식구 관촌 수필 / 기억 속의 들꽃 / 젊은 날의 초상 | 조세희 / 김주영 / 박범신 이문구 / 윤흥길 / 이문열 |
| 40 | 김소월 시집 | 김소월 |
| 41 | 윤동주 시집 | 윤동주 |
| 42 | 한용운 시집 | 한용운 |
| 43 | 한국 고전 시가와 수필 | 유리왕 외 |
| 44 | 한국 대표 수필선 | 김진섭 외 |
| 45 | 한국 대표 시조선 | 이규보 외 |
| 46 | 한국 대표 시선 | 최남선 외 |
| 47 | 혈의 누 · 모란봉 | 이인직 |
| 48 | 귀의 성 | 이인직 |
| 49 | 금수 회의록 · 공진회 / 추월색 | 안국선 / 최찬식 |
| 50 | 자유종 · 구마검 / 애국부인전 / 꿈하늘 | 이해조 / 장지연 / 신채호 |
| 51 | 삼국유사 | 일연 |
| 52 | 금오신화 / 홍길동전 / 임진록 | 김시습 / 허균 / 작자 미상 |
| 53 | 인현왕후전 / 계축일기 | 작자 미상 |
| 54 | 난중일기 | 이순신 |
| 55 | 흥부전 / 장화홍련전 / 토끼전 / 배비장전 | 작자 미상 |
| 56 | 춘향전 / 심청전 / 박씨전 | 작자 미상 |
| 57 | 구운몽 · 사씨 남정기 | 김만중 |
| 58 | 한중록 | 혜경궁 홍씨 |
| 59 | 열하일기 | 박지원 |
| 60 | 목민심서 | 정약용 |

# 〈베스트 논술 한국대표문학〉에 실린 소설과 교과서 대조표

*〈베스트 논술 한국대표문학〉에 실린 소설과 현행 국어 · 문학 18종 교과서의 수록 내용을 비교 · 분석하였다.

## ● 초등 학교 교과서(국어)

금오신화, 구운몽, 심청전,
흥부전, 토끼전, 박씨전,
장화홍련전, 홍길동전

## ● 국정 교과서

| 작품 | 작가 | 교과목 |
|------|------|--------|
| 고향 | 현진건 | 고등 학교 문법 |
| 동백꽃 | 김유정 | 중학교 국어 2-1, 중학교 국어 3-1 |
| 벙어리 삼룡이 | 나도향 | 중학교 국어 1-1 |
| 봄봄 | 김유정 | 고등 학교 국어(상) |
| 사랑 손님과 어머니 | 주요섭 | 중학교 국어 2-1 |
| 오발탄 | 이범선 | 중학교 국어 3-1 |
| 운수 좋은 날 | 현진건 | 중학교 국어 3-1 |

## ● 고등 학교 문학 교과서

| 작품 | 작품 | 출판사 |
|------|------|--------|
| 감자 | 김동인 | 교학, 지학, 디딤돌, 상문 |
| 갯마을 | 오영수 | 문원, 형설 |
| 고향 | 현진건 | 두산, 지학, 청문, 중앙, 교학, 문원, 민중, 블랙, 디딤돌 |
| 관촌 수필 | 이문구 | 지학, 문원, 블랙 |
| 광염 소나타 | 김동인 | 천재, 태성 |

| 금 따는 콩밭 | 김유정 | 중앙 |
| 금수회의록 | 안국선 | 지학, 문원, 블랙, 교학, 대한, 태성, 청문, 디딤돌 |
| 김 강사와 T교수 | 유진오 | 중앙 |
| 까마귀 | 이태준 | 민중 |
| 꺼삐딴 리 | 전광용 | 지학, 중앙, 두산, 블랙, 디딤돌, 천재, 케이스 |
| 날개 | 이상 | 문원, 교학, 중앙, 민중, 천재, 형설, 청문, 태성, 케이스 |
| 논 이야기 | 채만식 | 두산, 상문, 중앙, 교학 |
| 닳아지는 살들 | 이호철 | 천재, 청문 |
| 동백꽃 | 김유정 | 금성, 두산, 블랙, 교학, 상문, 중앙, 지학, 태성, 형설, 디딤돌, 케이스 |
| 두 파산 | 염상섭 | 문원, 상문, 천재, 교학 |
| 등신불 | 김동리 | 중앙, 두산 |
| 만무방 | 김유정 | 민중, 천재, 두산 |
| 메밀꽃 필 무렵 | 이효석 | 금성, 상문, 중앙, 교학, 문원, 민중, 블랙, 디딤돌, 지학, 청문, 천재, 케이스 |
| 모래톱 이야기 | 김정한 | 디딤돌, 교학, 문원 |
| 모범경작생 | 박영준 | 중앙 |
| 뫼비우스의 띠 | 조세희 | 두산, 블랙 |
| 무녀도 | 김동리 | 천재, 지학, 청문, 금성, 문원, 민중, 케이스 |

| 작품 | 작가 | 출판사 |
|------|------|--------|
| 무정 | 이광수 | 디딤돌, 금성, 두산, 교학, 한교 |
| 무진기행 | 김승옥 | 두산, 천재, 태성, 교학, 문원, 민중, 케이스 |
| 바비도 | 김성한 | 민중, 상문 |
| 배따라기 | 김동인 | 상문, 형설, 중앙 |
| 벙어리 삼룡이 | 나도향 | 민중 |
| 복덕방 | 이태준 | 블랙, 교학 |
| 봄봄 | 김유정 | 디딤돌, 문원 |
| 붉은 산 | 김동인 | 중앙 |
| B사감과 러브레터 | 현진건 | 교학 |
| 사랑 손님과 어머니 | 주요섭 | 중앙, 디딤돌, 민중, 상문 |
| 사수 | 전광용 | 두산 |
| 사하촌 | 김정한 | 중앙, 문원, 민중 |
| 산 | 이효석 | 문원, 형설 |
| 서울, 1964년 겨울 | 김승옥 | 문원, 블랙, 천재, 교학, 지학, 중앙 |
| 성황당 | 정비석 | 형설 |
| 소설가 구보씨의 일일 | 박태원 | 중앙, 천재, 교학, 대한, 형설, 문원, 민중 |
| 수난 이대 | 하근찬 | 교학, 지학, 중앙, 문원, 민중, 디딤돌, 케이스 |
| 애국부인전 | 장지연 | 지학, 한교 |
| 어둠의 혼 | 김원일 | 천재 |
| 역마 | 김동리 | 교학, 두산, 천재, 태성, 형설, 상문, 디딤돌 |
| 역사 | 김승옥 | 중앙 |
| 오발탄 | 이범선 | 교학, 중앙, 금성, 두산 |
| 요한 시집 | 장용학 | 교학 |
| 운수 좋은 날 | 현진건 | 금성, 문원, 천재, 지학, 민중, 두산, 디딤돌, 케이스 |
| 유예 | 오상원 | 블랙, 천재, 중앙, 교학, 디딤돌, 민중 |
| 자유종 | 이해조 | 지학, 한교 |
| 장삼이사 | 최명익 | 천재 |
| 전황당인보기 | 정한숙 | 중앙 |
| 젊은 날의 초상 | 이문열 | 지학 |
| 젊은 느티나무 | 강신재 | 블랙, 중앙, 문원, 상문 |
| 제일과 제일장 | 이무영 | 중앙 |
| 치숙 | 채만식 | 문원, 청문, 중앙, 민중, 상문, 케이스 |
| 탈출기 | 최서해 | 형설, 두산, 민중 |
| 탈향 | 이호철 | 케이스 |
| 태평 천하 | 채만식 | 지학, 금성, 블랙, 교학, 형설, 태성, 디딤돌 |
| 표본실의 청개구리 | 염상섭 | 금성 |
| 학마을 사람들 | 이범선 | 민중 |
| 할머니의 죽음 | 현진건 | 중앙 |
| 해방 전후 | 이태준 | 천재 |
| 혈의 누 | 이인직 | 천재, 금성, 민중, 교학, 태성, 청문 |
| 홍염 | 최서해 | 상문, 지학, 금성, 두산, 케이스 |
| 화수분 | 전영택 | 태성, 중앙, 디딤돌, 블랙 |

베스트 논술 한국대표문학 ⑩

# 물레방아

지은이  나도향
펴낸이  류성관
펴낸곳  SR&B(새로본닷컴)
주  소  서울특별시 마포구 망원동 463-2번지
전  화  02)333-5413
팩  스  02)333-5418
등  록  제10-2307호
인  쇄  만리 인쇄사